Tendenzwende?

Zur geistigen Situation der Bundesrepublik

ERNST KLETT VERLAG
STUTTGART

Herausgegeben von Clemens Graf Podewils

Die in diesem Band gedruckten Vorträge sind auf Einladung der Bayerischen Akademie der Schönen Künste im November 1974 in München gehalten worden

Umschlaggestaltung: Hans Lämmle
Gesamtherstellung: Wilhelm Röck, Weinsberg
ISBN 3-12-908010-4

VORWORT

Wie schnell sich heute die Wörter verbrauchen! Als sich im November 1974 eine stattliche Anzahl von Menschen, denen das gemeine Wohl nicht gleichgültig ist, in der Bayerischen Akademie der Schönen Künste zusammenfand, um über Gegenwart und Zukunft nachzudenken, war das für die Veranstaltung gewählte, wohlweislich mit einem Fragezeichen versehene Wort »Tendenzwende« noch ganz frisch, unverbraucht und dementsprechend provozierend oder ermunternd. Es hat sich dann schnell selbständig gemacht von jener Veranstaltung, schlampigerweise wurde von fast allen Besprechern der Tagung das Fragezeichen weggelassen und, positiv oder negativ, durch ein imaginäres Ausrufezeichen ersetzt. In seiner Selbständigkeit ließ es bald den Anlaß vergessen, jene Tagung in München, und schließlich lief es als Worthure durchs Land, gefällig jedem, der irgend etwas anders haben wollte und der meinte, dieses andere sei schon in Sicht.

Bevor es so weit kam, gerieten allerdings die Teilnehmer und insbesondere die Redner unter Beschuß — nicht von denen natürlich, die gehört, sondern von solchen, die darüber reden gehört hatten. Man witterte eine Art Verschwörung, vermutlich weil unter den sechs Rednern weder ein Neo- noch ein Paläo-Marxist zu finden war. Das ging vom ängstlichen Raunen, die »Konservativen« (was auch immer man darunter verstehen will) fingen an, geistig beweglich zu werden (was sie, falls es sie überhaupt gibt, bekanntlich nicht sein dürfen), bis hin zu den einfacher Strukturierten, die schlicht von »Rechtsruck« sprachen, bevor sie sich wieder ihrem Beruf, dem Erzählen von Geschichten, zuwandten.

So einfach sollten sie sich's nicht machen. Gereizt zu reagieren zeugt nicht von Stärke. Links und Rechts, Progressiv und Konservativ — Polarisierungen, mit denen man Wahlkämpfe führen, nicht aber eine geistige Auseinandersetzung leisten kann.

Es ist also Zeit, die Vorträge, die am 26./27. November 1974 in München gehalten wurden, vorzulegen. Eines wird der kritische Leser dann zugeben: Mit den gängigen Worthülsen kommt man da nicht weiter; hier melden sich Männer zu Wort, nicht um recht zu haben, sondern weil sie in der Sorge leben, wie wir mit einer Krise, deren Ausmaß nicht abzuschätzen ist, fertig werden können. Und keiner der Redner, keiner der Zuhörer wird Ralf Dahrendorf widersprechen, »daß unter allen Dingen, die heute Bedeutung haben, die rationale Diskussion das Wichtigste ist«.

Ernst Klett

INHALT

Hermann Lübbe

Fortschritt als Orientierungsproblem

im Spiegel politischer Gegenwartssprache

Das Wort »Tendenzwende«, das, mit einem Fragezeichen versehen, im Titel dieses Kolloquiums der Bayerischen Akademie der Schönen Künste erscheint, ist selbst ein aktuelles Element politischer Gegenwartssprache. Es tritt, mit zunehmender Häufigkeit, als Leitartikelmotiv auf, vor allem seit den jüngstvergangenen Landtagswahlen 1974. So schreibt eine Wochenzeitung am 31. Oktober in ihrem Chef-Kommentar zu diesen Wahlen, es sei auch unserem Bundeskanzler »bisher« nicht gelungen, »die Tendenzwende herbeizuführen«.

Ich zitiere das, um daran zwei Bemerkungen anzuknüpfen. Die erste Bemerkung ist eine Bemerkung zur Charakteristik der Ebene, auf der die Fragestellung dieses Kolloquiums sich bewegt. Es handelt sich um die Ebene elementarer intellektueller Orientierungsprozesse, in bezug auf die man Feststellungen treffen kann, die durch die Resultate von Stimmzettelauszählungen gar nicht unmittelbar berührt und somit unmittelbar weder widerlegt noch bestätigt werden. Dem entspricht, daß das Thema dieses Kolloquiums längst vor jenen Wahlen festgelegt worden ist und sein Termin desgleichen.

Andererseits sind die intellektuellen Orientierungen, nach deren Tendenzwende hier gefragt werden soll, politisch nicht indifferent. Es sind Orientierungen, die durchaus bis ins Politische durchschlagen, indem sie es sind, die vorweg darüber entscheiden, wie sich eine Politik überhaupt auf die Realität, die uns bedrängt, beziehen kann und welche Sprache ihr dabei zur Verfügung steht.

Und noch eine zweite Bemerkung möchte ich an das Wochenzeitungs-Zitat anschließen. Diese zweite Bemerkung bezieht sich auf die emotive Qualität, die sich mit dem Wort »Tendenzwende« in seinen aktuellen Auftritten zumeist verbindet. Von Tendenzwende spricht vorzugsweise derjenige, der sie erhofft, oder ihr, indem er sie konstatiert, zustimmt. Wer Wandlungen, die offensichtlich vor sich gehen, nicht zustimmen kann, pflegt heute eher in der Metaphorik der Großwetterlagen oder Seebeben sich auszudrücken; denn diesen eignet kein begreifbarer Handlungssinn, wohl aber der statistisch begründbare Trost, daß es auch einmal wieder anders kommen und die momentan sich erhebende Grundwelle wieder ablaufen werde.

Welche Tendenz ist gemeint, um deren Wende es sich gegenwärtig handelt? Ich charakterisiere sie durch die Geschichte eines Falles, den ich für einen schlimmen Fall halte. Er interessiert hier nur unter dem Aspekt seiner Tendenzsignifikanz. Ich habe übrigens diesen Fall bei anderer Gelegenheit hier in München schon einmal erzählt, und ich wiederhole ihn, weil seine Geschichte inzwischen eine Fortsetzung gefunden hat, welche die Vermutung einer Tendenzwende bestätigt.

Vor Jahr und Tag schlug eine kultusministerielle Lehrplanrichtlinienkommission — nicht in Hessen — vor, durch politischen Schulunterricht »die jungen Menschen in die Lage zu versetzen, die vorgegebenen gesellschaftlichen Normen entweder frei und selbstverantwortlich anzuerkennen oder abzulehnen«. Der parlamentarisch verantwortliche Schulminister erhob dieses Programm zur damit der Schule »vorgegebenen gesellschaftlichen Norm«, und er begründete das, unter anderem, mit der Herabsetzung der Wahlmündigkeit auf achtzehn Jahre. Indem diese im gegebenen Fall mit den Stimmen aller Parteien soeben auch auf das passive Wahlrecht ausgedehnt worden war, ergab sich der folgende Zusammenhang: Zur Vorbereitung des nunmehr möglichen Einzugs Achtzehnjähriger in die gesetzgebende Körperschaft, die uns Bürgern durch ihre Beschlüsse die alsdann geltenden Normen ja vorgibt, werden die Schüler pädagogisch instandgesetzt, »die vorgegebenen Normen ... entweder anzuerkennen oder abzulehnen«.

Viele von uns dürften in der Lage sein, aus eigener Erfahrung und Kenntnis von anderen, analogen Fällen zu berichten. Wohlgemerkt: es handelt sich hier nicht um Auffälligkeiten einer jugendbewegten Subkultur, sondern um Staatstätigkeit, die in ihrer Druckwerksgestalt mit Landesfarben geschmückt und durch die Unterschrift eines amtierenden Ministers regierungsoffiziell geworden ist.

Welches ist nun die Tendenz, für die dieser Fall wie andere seinesgleichen signifikant ist? Es ist die Tendenz der fortschreitenden Unfähigkeit, die grundlegenden Verbindlichkeiten unserer politischen Ordnung zur Geltung zu bringen und mit jener entschiedenen Freiheit und unaufgeregten Sicherheit öffentlich zu vertreten, ohne die sie an Glaubwürdigkeit zwangsläufig einbüßen müssen. »Legitimitätskrise« ist das aktuelle Politologen- und Intellektuellen-Schlagwort für diesen Befund.

Natürlich wird niemand kultusministeriellen Unterrichtsvorschriften die Kraft zutrauen, Legitimitätskrisen zu provozieren. Legitimitätskrisen politischer Ordnungen, das heißt Krisen des Vertrauens, daß die objektiven Notwendigkeiten in ihnen auch zum Inhalt eines verantwortlichen und handlungsfähigen politischen Willens werden können — solche Krisen der Zustimmbarkeit politischer Ordnung pflegen nicht auf dem Erlaßwege gestiftet zu werden. Aber das rechtfertigt Erlasse nicht, die mit pädagogischer Euphorie als Anzeichen endlich erwachten kritischen Jungbürgersinns benennen, was in Wahrheit Erscheinungen eines Konsenszerfalls sind. Durch solche Erlasse präsentiert sich nämlich der Staat so, wie seine Verächter unter seinen Kritikern ohnehin angenommen hatten, daß er sei.

In der Wende dieser Tendenz kann sich inzwischen kein Kultusminister dergleichen mehr leisten. Wo es noch vor anderthalb Jahren hieß, zur Vorbereitung auch auf ihre künftige Abgeordnetentätigkeit seien die jungen Menschen in die Lage zu versetzen, »die vorgegebenen ... Normen entweder frei und selbstverantwortlich anzuerkennen oder abzulehnen«, heißt es inzwischen, sie seien zu befähigen, »die Werte und Institutionen ihrer Gesellschaft zu verstehen und die Bereitschaft zu entwickeln, sie frei und selbstverantwortlich anzuerkennen, sich für sie einzusetzen oder Veränderungen anzustreben.«

Das ist natürlich nun schon ein ganz anderer Ton, der bezeugt, was in der Konsequenz der hier thematisierten Tendenzwende inzwischen nicht mehr möglich ist. Die Rache der Wirklichkeit hat ihre politpädagogische Mißinterpretation eingeholt, und man darf insoweit ein System rühmen, in welchem die Rache der Wirklichkeit sich über Stimmzettel zur Geltung bringen kann.

Wieso aber war, was ich schilderte, zuvor möglich? Wie war es möglich, daß man Vorgänge des Verbindlichkeitsschwunds der politischen Ordnung unserer parlamentarischen Demokratie als einen Demokratisierungs-Fortschritt benennen und feiern und somit fördern konnte? Die nötige Antwort auf diese Frage ist sehr komplex. Mein eigener Beitrag zu ihrer Beantwortung soll ein Beitrag zur Kritik aktueller Sprachgebrauchspolitik sein.

Die Neue Linke hat, international, geschichtsphilosophische Orientierungsmuster der europäischen Aufklärung kräftig erneuert. Die Redeweisen, die in diesem Zusammenhang zur Gewohnheit geworden sind, haben wir alle im Ohr. Es gelte, so heißt es, verkrustete Strukturen endlich aufzusprengen, traditionale Verhärtungen überlebter Verhältnisse progressiv aufzulösen und zur emanzipatorischen Befreiung des Bewußtseins aus den Fesseln der Unmündigkeit Aufklärungsprozesse in Gang zu setzen. Es ist wahr, daß dieses traditionelle Orientierungsmuster, von Berkeley bis nach Frankfurt, zuerst in der Esoterik philosophischer, soziologischer und schließlich auch theologischer Seminare wiederaufgetaucht ist. Aber diese Erneuerung verbaler Aufklärungsanklänge hat längst die politische Beschränktheit des akademischen Horizonts gesprengt und hat öffentlichen Charakter gewonnen. Es erübrigt sich, hier auf die Reflexe dieses Prozesses in der Publizistik einzugehen. Wichtiger ist, daß in Entsprechung zu diesen Reflexen sich das Aufgebot der Rechte des Fortschritts gegen die Kräfte des Konservativismus auch in den Parteien erneuert hat.

Diese Phänomene, die ich für Phänomene einer historisch erklärbaren Desorientierung halte, sind in der Sprache der zeitgenössischen Politik manifest. Indem ich sie hier aufsuche, ist meine Absicht nicht die einer Sprachkritik, sondern die einer Kritik der Politik, soweit sie eine Politik der Umprägung sprachlicher Orientierungsmuster ist. Indem ich beides unterscheide, nämlich Sprachkritik einerseits und Kritik der Sprachgebrauchspolitik andererseits, gehe ich im Gegensatz zu bekannten und wirkungsreichen Beispielen politischer Sprachkritik davon aus, daß es im Regelfall gerade nicht linguistische Kriterien sind, auf die wir uns bei der Kritik einer Sprachgebrauchspolitik zu berufen haben. Anders gesagt: die Normen, die unser Reden steuern und die die Spielräume unseres Redens definieren — diese Normen werden von einer wirksamen Sprachgebrauchspolitik im Regelfall gerade nicht verletzt, sondern genutzt. Noch einmal anders gesagt: eine verderbliche Politik, die unter anderem auch Sprachgebrauchspolitik ist, ist deswegen noch lange nicht eine Sprachverderbspolitik. Ich bringe zur abschließenden Verdeutlichung dieser methodischen Bemerkung ein krasses, uns allen aus dem wirkungsreichen »Wörterbuch des Unmenschen« bekanntes Beispiel, und zwar das Beispiel des Wortes »Sonderbehandlung«. Diese Sonderbehandlung, die auf der Ebene der Realität, in juristischen Kategorien gesprochen, im Regelfall Mord, und zwar Mord als Amtshandlung war, ist auf der sprachlichen Ebene ein Phänomen, für das uns seit alters die schlichte rhetorische Kategorie des Euphemismus zur Verfügung steht, und die Regeln der Rhetorik sind es nicht, die es heute verbieten würden, den durch angemessene physische Zwangsmittel möglicherweise vermeidbar gewesenen Hungerstreiktod eines inhaftierten Stadtguerilleros Folge einer Sonderbehandlung zu nennen. Es ist der Abscheu vor der Beleidigung derer, die früher Opfer einer sogenannten Sonderbehandlung wurden, der es uns heute verbietet hinzunehmen, daß beides sprachgebrauchspolitisch absichtsvoll ineinsgesetzt wird.

Kritik der Sprachgebrauchspolitik folgt also moralischen und politischen Normen oder Normen sonstiger Pragmatik — nicht sprachlichen Normen. Indem ich von diesem methodischen Grundsatz ausgehe, leugne ich natürlich nicht, daß die Sprache der Politik auch unter Rekurs auf Sprachnormen kritisierbar ist. Auch dafür will ich ein frisches Beispiel zitieren. Der Gebrauch von Metaphern in Sachnähe zum Bedeutungsfeld, das die Metaphern spendete, kann Irritationseffekte auslösen, deren rhetorische Wirkung man kontrollieren muß. Diese Regel ließ ein amtierender Regierungschef, sonst ein hervorragender Redner, zu seinem eigenen Schaden unbeachtet, als er Frauen, die gegen die Freigabe des Schwangerschaftsabbruchs protestierten, zurief, der Konflikt bestehe in unserer Gesellschaft nun einmal und müsse ausgetragen werden.

Man sieht sofort, daß eine Sprachkritik, die sich auf dergleichen unter Berufung auf Sprach- und Redenormen bezieht, gar keine politische Kritik ist. Im Widerspruch zum Enthusiasmus derer, die eine Verbesserung der Welt durch Sprachverbesserung für möglich halten, glaube ich nicht, daß man die Behauptung riskieren kann, die rhetorische Qualität einer Politik stünde in direkter Korrelation zur Qualität dieser Politik. Die Sprachkultur ist nicht ein Maß, mit dem wir eine politische Kultur messen könnten.

Ich charakterisiere jetzt die spezielle Sorte von Sprachgebrauchspolitik, der auch die Beispiele angehören, in denen sich der gerichtete soziale Wandel, der Fortschritt, als Orientierungsproblem spiegelt. Es handelt sich bei dieser Sorte politischer Sprachhandlungen stets um Akte einer Unterscheidungs- und Zuordnungspolitik in pragmatischer Absicht.

Innerhalb ungewisser Grenzen, die schließlich auch unsere Willkür beachten muß, schreibt uns weder die natürliche noch die soziale Wirklichkeit vor, wie wir in Beziehung auf sie Unterscheidungen und Zuordnungen treffen sollen. Die unter Sprachgenossen schließlich geltenden Unterscheidungs- und Zuordnungsmuster sind bedingt durch unsere Zwecke in der Praxis der Theorie wie in sonstiger Praxis. Das Maß ihrer Tauglichkeit sind ihre Orientierungsleistungen in Bezug auf die Realität, unter deren Bedingung wir unsere praktischen Zwecke verfolgen.

Die Sprache der Politik ist voll von Beispielen dieser Sorte von Sprachgebrauchspolitik. Es geschah nicht von selbst, daß in der Sprache der einschlägigen Gesetze und Verordnungen unsere Vertriebenen »Vertriebene« und nicht etwa »Flüchtlinge«, wie sie zunächst vielfach genannt wurden, heißen. Es ist vielmehr die Folge einer plausiblen, auch auf Wortgebräuche sich erstreckenden Verbandspolitik, der in der DDR eine Wortgebrauchspolitik entspricht, gemäß der die Vertriebenen natürlich nicht so, sondern beispielsweise »Neubürger« oder »Neusiedler« heißen.

Auch in Zusammenhängen geringerer politischer Größenordnung läßt sich diese Struktur beobachten. Solange vom Begriff des Leitenden Angestellten nichts weiter abhängig war als gewisse Unterscheidungen gemäß innerbetrieblichen Geltungs- und Funktionshierarchien und berufsverbandsmäßigen Zuordnungen, hielt sich das einschlägige politische Unterscheidungs- und Zuordnungsinteresse in Grenzen. Das hat sich durch die Gesetzgebungspolitik in bezug auf die Betriebsverfassung grundlegend geändert, und seither ist die Unterscheidungs- und Zuordnungsfrage im Streit. Auf der sprachlichen Ebene ist dieser Streit ein Kampf ums Heißen, den in diesem besonderen Fall schließlich die Arbeitsgerichte entscheiden werden, indem sie in der zuvor vagen Realität die Unterscheidungen treffen, die dann das So-Heißen und damit das Sich-So-Nennen-Dürfen mit politisch erheblichen Rechtsfolgen legalisieren.

Exakt dieser Unterscheidungs- und Zuordnungskampf ist auch auf der Ebene der nicht-justiziablen politischen Ideologiebildung die Quintessenz der Sprachgebrauchspolitik. So ist die aus einigen politikwissenschaftlichen Seminaren, aber gelegentlich auch aus ideologiepolitischen Politiker-Reden verlautende Auskunft, der Begriff des Totalitarismus sei überholt, nichts als ein Ausdruck des Willens, die Zuordnung der äußersten Linken wie der äußersten Rechten zu einem Begriff dessen, was sie gemeinsam haben, sprachlich aus Gründen der Entlastung der äußersten Linken zu liquidieren.

Der Erfolg oder Mißerfolg solcher Wortgebrauchspolitik entscheidet darüber, welche Unterscheidungen und Zuordnungen schließlich gelten oder für eine Politik als spezifisch gelten, und zu welchen Orientierungsleistungen sie entsprechend fähig oder nicht fähig ist.

Die Begriffe, die man zur Beschreibung der sprachlichen Mittel politischer Werbung gebraucht, reichen nicht aus, um das Phänomen solcher Sprachgebrauchspolitik zu fassen. Davon bleibt unberührt, daß es natürlich auch seine propagandistische Bedeutung hat, wenn eine Politik sich programmatisch als Reformpolitik deklariert. Gegen Reformen, zumal gegen Reformen mit Augenmaß, wie es in der Absicht inzwischen fällig gewordener Differenzierung und Distanzierung neuerdings bei der Konkurrenz heißt, kann ja schließlich niemand etwas haben. Außerdem kontrastiert die Reform werbewirksam gegen die perhorreszierte Revolution, und ist überhaupt das, was diese verhindert, wenn natürlich auch nicht zu verkennen ist, daß die revolutionäre Tendenz in der Sprache der Reformpolitik nun selber als »systemüberwindende Reform« auftreten kann, indem sie konsequenterweise zugleich die »systemerhaltende Reform« zum Synonym der Reaktion erklärt.

Es sind in letzter Instanz gar nicht solche ideologischen *querelles* auf linken Parteiflügeln, welche den Glanz der Verheißung, der die Politik der Reformen einst umgab, verblassen ließ. Ich will an dieser Stelle auch nicht den Anteil von unvermeidlichen oder auch vermeidbaren Mißerfolgen der Reformpolitik an diesem Vorgang bemessen. Meine These ist, daß die Rede von der Politik der Reformen schließlich deswegen eine mindestens partiell leerlaufende Rede werden mußte, weil die Zuordnung eines erheblichen Teils wichtiger, drängender Probleme zum Kreis der Reformbedürftigkeiten eine desorientierende, verharmlosende, unsere wahre Lage verzeichnende Zuordnung ist.

Die Rhetorik der Reform-Politik orientiert uns an den traditionellen und insofern eingängigen Vorstellungen fälligen Fortschritts, der gegen seine Aufhalter durchgesetzt werden muß und als solcher dann unproblematisch ist. Mit diesem ideologischen Beiwerk hat sich jedenfalls die Reform-Politik rhetorisch geschmückt, und man darf gelten lassen, daß es Bereiche geben mag, für die das angemessen war. Für die Bereiche, die als lebenswichtige Bereiche fortschreitend aufdringlicher werden, ist sie jedoch unangemessen.

Die Politik der Reformen orientiert sich an den Verheißungen des Fortschritts. Aber welcher Fortschritt findet eigentlich statt, wenn wir, soweit das der Fall ist, ökologische Krisen meistern? Von welcher Struktur ist das politische Handeln, das in langfristiger Planung der Notwendigkeit folgt, Substitution für traditionelle Energieträger herbeizuschaffen? Welcher Zuwachs an handlungssichernder Weltkenntnis findet statt, wenn wir mit künstlichen Mitteln der sogenannten Futurologie die Kalkulierbarkeit von Realitätsbedingungen wiederherzustellen versuchen, die mit dem zunehmenden Tempo des sozialen Wandels schwindet? Mit welchem Lebensrichtungssinn verändert sich das Alter, wenn es durch pädagogische Institutionen einer *éducation permanente* die Chance erhält, Teile seines früher erworbenen Orientierungs- und Handlungswissens vorm Veralten zu schützen, das durch denselben sozialen Wandel bewirkt wird? In welchem Sinn erhöht sich unsere Sicherheit, wenn eine Handgranate im Fluggepäck bei keiner Reise mehr unentdeckt bleiben könnte? — Mit Fragen dieser Sorte kann man lange fortfahren, von den Fußgängerzonen bis zur gesundheitsministeriellen Trimm-Dich-Aktion über die Infrastrukturinvestitionen für den Nahverkehr, und von der gesetzlichen Neuregelung des Arzneimittelwesens bis zur Erweiterung der Wohnheimkapazität für preziös sogenannte Senioren.

Mit diesen Stichwörtern habe ich einen nicht unerheblichen Teil der Politik abgedeckt, die, indem sie verbal als Reform-Politik auftrat oder noch auftritt, sich programmatisch dem Begriff fortschrittlicher, fortschrittsvollbringender Politik zuordnete. Nun ist die Unterscheidung und Zuordnung praktischer Politik nach Maßen ihrer tatsächlichen oder behaupteten Beziehung zum Fortschritt eine Unterscheidung und Zuordnung von kompakter Traditionalität und insofern noch immer nahezu unvermeidlich. Aber wie andere Traditionen auch, so hat auch diese Tradition im Zuge des sozialen Wandels an Orientierungsleistung, an Plausibilität und Wirklichkeitsaufschließungskraft eingebüßt. Diese Feststellung beruft sich nicht auf Argumente der ja gleichfalls längst traditionellen Fortschrittskritik. Was ich als Inhalt der erklärten Reform-Politik stichworthaft in Erinnerung gebracht habe, sind ja ausnahmslos notwendige Inhalte, zu denen es gar keine politischen Alternativen gibt, so daß wir sie denn auch in den Programmen aller Parteien wiederfinden können. Um so auffälliger wird die Desorientierungswirkung der politischen Reform-Rhetorik. Was unter dem verbalen Mantel dieser Rhetorik an Positivem, nämlich Unvermeidlichem, weil Notwendigem geschieht, ließe sich nämlich nur dann »fortschrittlich«, »progressiv« etc. nennen, wenn wir es uns einfallen ließen, nun auch noch die, und sei es erfolgreiche, Kompensation der Fortschrittskehrseiten dem Fortschritt selbst zuzuordnen. Damit aber verlöre dieser Begriff jeden diskreten Sinn, und genau das ist auch dem Begriff der Reform-Politik widerfahren, indem er unter sich subsumierte, was man nicht als Fortschritt, sondern als Tun unter dem Zwang charakterisieren sollte, mit den schädlichen Nebenwirkungen längst stattfindenden Fortschritts fertig zu werden. Die Reform-Rhetorik möchte uns zur Überwindung vermeintlicher Stagnation in Aufbruchsstimmung versetzen. In Wirklichkeit haben wir Steuerungsprobleme in bezug auf Bewegungen, die längst im Gang sind.

Meine These ist also, daß die Rhetorik der Reformpolitik in letzter Instanz nicht aus Mißerfolgsgründen ihre Resonanz verloren hat, sondern deswegen, weil die Aufbruchsattitüde zu einer

Politik nicht passen will, die doch in ihren wichtigeren Teilen eine Politik der Abwendung andernfalls bevorstehender Krisen war. Es legt sich eine Atmosphäre von Unernst über die Szenerie, wenn man Krisenvorbeugungspolitik euphorisch betreibt. Nicht die Reformpolitik, aber ihre an sich ja unnötige Aufbruchsrhetorik ist am Schwund der Zukunftsgewißheit gescheitert, der sich im Widerspruch zu ihr und gleichzeitig mit ihr in unserer Zivilisation ausgebreitet hat.

Daß es Trends gibt, Wachstumskurven und Tendenzen des sozialen Wandels, die in unbewohnbare Gegenden weisen (vom Ressourcenproblem bis zur Regierbarkeitsfrage), konnte auch den Wortführern der Reform- und Fortschritts-Rhetorik natürlich nicht verborgen bleiben. Zur rhetorischen Bewältigung dieser unleugbar prekären Zukunftsperspektive ist unserer Politik das Wort »technokratisch« aus Seminar-Zusammenhängen zugewachsen, und selbst auf den Tribünen unserer Parlamente konnte man hören, daß die Fatalitäten des wissenschaftlich-technischen und ökonomischen Prozesses der zielblinden Funktionstüchtigkeit seiner technokratischen Vollbringer zugeschrieben werden müßten. Auch in diesem Fall der rhetorisch überaus wirksam gewordenen aktuellen Technokratie-Kritik ist die Kritik der entsprechenden Sprachgebrauchspolitik die Kritik einer desorientierenden Unterscheidungs- und Zuordnungswahl, die aus erkenntnismißleitendem Interesse erfolgt ist.

Die politisch-rhetorische Festschreibung der seminaristischen Technokratie-Kritik desorientiert folgenreich in bezug auf den Ort der Probleme, die der Prozeß der modernen Zivilisation in der Tat uns bereitet. Es ist natürlich barer Unfug zu behaupten, daß die prekären Verlaufstendenzen dieses Progresses der angeblichen Zielreflektionsabstinenz seiner angeblich wertblinden Funktionäre zuzuschreiben sei. Die Ziele und Hoffnungen, die sich mit dem Fortschritt unserer Zivilisation verbanden, haben seit je und bis heute ihren allbekannten und anerkannten Ort auf der Gemeinplatzebene und sind von der Unbezweifelbarkeit des Trivialen, nämlich: Befreiung des Menschen vom Zwang niederdrückender Arbeit, Wohlfahrt, dadurch soziale Sicherheit und über diese Festigung des sozialen Friedens. Die Irreversibilität dieser praktischen Orientierung des zivilisatorischen Prozesses ist, so scheint mir, evident, und im Horizont dieser Orientierung vollzog sich die Tätigkeit seiner Vollbringer auch dann, wenn sie an den Maßen der ökonomischen Rationalität, das heißt gemäß dem Kalkül von Gewinn und Verlust, heute polemisch »Profitinteresse« genannt, sich orientierte. Wenn uns nun heute, wie in keiner romantischen Epoche zuvor, Früchte der Zivilisation bitter, ja buchstäblich giftig zu schmecken beginnen, so ist damit nicht unsere Gleichgültigkeit gegenüber praktischen Zielen erwiesen, sondern die Grenzen des Fortschritts sind durch dessen schädliche Nebenfolgen deutlich geworden.

Es ist keine Frage einer folgenlosen Polit-Philosophie, ob man die Besorgnisse unserer zivilisatorischen Existenz so oder so beschreibt. Einige ernste Desorientierungsfolgen des Blicks durch die Zerrbrille derer, die den »Technokraten« Wertblindheit unterstellen, sind die folgenden: Zunächst — und das dürfte noch die harmloseste Folge sein — sind ganze Berufsstände, wie zum Beispiel unsere Ingenieure, in den publizistischen Verdacht geraten, die organisierte Fachidiotie zu repräsentieren. Sodann haben innerakademisch die technischen Disziplinen einen auf die Studienintention junger Menschen sich zeitweise verhängnisvoll auswirkenden Geltungsverlust im Verhältnis zu den räsonierenden Disziplinen erlitten. Zugleich verflüchtigte sich der Sinn für die kritische Potenz fachwissenschaftlich vermessener und verwalteter Fakten. Weiter gab es bis in die Parteien hinein Akte und Aktionen der Selbsternennung von räsonierenden Intellektuellen zur zielreflektionsprivilegierten ideologischen Führungselite — mit allen bekannten Folgen der rhetorischen Einschüchterung des sprachlich noch nicht vollakademisierten *common sense* in Partei- und Verbandsgremien auf allen Ebenen.

Demgegenüber läßt sich die Tendenzwende, die wir verspüren,

auch daran ablesen, daß die ja nur im Verhältnis zu den Visionären so benennbaren Macher in allen Bereichen des öffentlichen Lebens wieder den Kredit einer ernüchterten Erwartung genießen. Für den, der sein Handwerk beherrscht, galt es ja nie als charakteristisch, daß er alles für machbar hält, vielmehr daß er weiß, was man machen und was man nicht machen kann.

Die Frage, was man denn machen solle, ist freilich eine ganz andere Frage. Aber diese Frage beantwortet sich auf der Ebene der großen Ziele recht einfach, wenn statt der Visionen prognostizierbare Katastrophen an Evidenz gewinnen. Es handelt sich dann nämlich bloß noch darum, sie zu verhindern, und dazu braucht man abermals Fachwissen einerseits und auf der politischen Ebene nicht Visionen, sondern ernüchterte Zustimmung zum Fälligen andererseits.

Die Phänomene, die den fortschreitenden Zukunftsgewißheitsschwund begründen, sind von einer solchen Penetranz, daß sie selbstverständlich auch dort aufdringlich wurden, wo man unsere Lage mit den Mitteln der Reform-Rhetorik interpretiert und wo man entsprechend die traditionelle ideologiepolitische Antithese von Progression und Reaktion, von fortschrittlichen und konservativen Kräften für ein adäquates politisches Unterscheidungs- und Zuordnungsmuster hält. Die rhetorische Bewältigung unserer Betroffenheit nicht durch den ausbleibenden Fortschritt, sondern durch die schädlichen Nebenfolgen stattfindenden Fortschritts — diese Bewältigung zu leisten war die Funktion der aus dem Amerikanischen eingedeutschten Formel der »Lebensqualität«.

Ich will an der politischen Philosophie der Parteiprogrammatik, die in der Konsequenz der Lebensqualitätsformel entwickelt wurde, hier keine Kritik üben. Ich bin ganz im Gegenteil der Meinung, daß diese Formel in der politischen Öffentlichkeit Lebensorientierungen wieder aussagefähig gemacht hat, deren Alter nicht Indiz ihrer Überlebtheit, sondern ihrer Unentbehrlichkeit ist. Unter Aspekten einer Kritik der Sprachgebrauchspolitik interessiert indessen die Frage, wie man das Interesse an »Lebensqualität«

nun seinerseits noch der festgehaltenen Antithetik von progressiven und konservativen Kräften zuzuordnen versucht hat. Die Antwort ist überraschend. Wir finden sie in einer ideologie-politischen Lebensqualitätsrede eines (der jetzigen Bundesregierung nicht mehr angehörenden) Bundesministers. Gemäß dieser Rede ändert sich an den Unterscheidungs- und Zuordnungsmustern der progressiven Reformpolitik-Rhetorik durch die neue Lebensqualitätsorientierung gar nichts. Vielmehr ist diese Lebensqualität das, was in progressiver Politik den Kräften der Beharrung abgetrotzt werden müsse. Was aber bleibt dann als Kriterium des Konservativismus? Dazu heißt es in der zitierten Rede, und zwar zum ersten Mal in der europäischen Gebrauchsgeschichte dieses Wortes, der Konservativismus sei die herrschende Mythologie des Fortschritts und somit eine Ideologie, die unfähig macht zu sehen, daß zu den Bedingungen des guten Lebens Bestände gehören, die man nicht machen, sondern bestenfalls bewahren und pflegen kann, wie Olof Palme unseren Minister ergänzte.

Man mißversteht die Funktionsgesetze der Sprache der Politik, wenn man die Politik für verpflichtet hält, die hier in der Tat gröblich verletzten Wortgebrauchsregeln tradierter Semantik zu beachten. Das legitime Kriterium auch der Sprachgebrauchspolitik ist der an gerechtfertigten Zielen gemessene Erfolg, und es sind Neuorientierungswirkungen, die man gerade mit den Mitteln der Abweichung, ja der Verletzung von tradierten Wortgebrauchsregeln erzielen kann. Die Kritik solcher an sich legitimen Sprachgebrauchspolitik ist stets eine Kritik ihrer Folgen und nicht der Ausnutzung sprachlicher Möglichkeiten.

Auf eine dieser Folgen will ich abschließend aufmerksam machen. Indem die Lebensqualität zur Forderung progressiver Kräfte in ihrem Kampf mit den Konservativen erklärt worden ist, wird konsequenterweise auch ihre pädagogische Politisierung betrieben, und zwar in der unsäglichen Richtlinienformulierung, mit der man die Absicht proklamiert, die Kinder zur »Fähigkeit« zu erziehen, »eigene Glücksansprüche . . . durchzusetzen.«

Man verspürt die neurotisierende Wirkung dieser Absicht, wenn man sich vergegenwärtigt, daß in der traditionellen und unüberbotenen, also klassischen Charakteristik das Glück nie Inhalt eines politisierbaren Anspruchs, sondern das war, was sich einstellt, wenn wir den Ansprüchen, die das Leben stellt, in vernünftiger Praxis entsprechen.

Es ist ein ermutigendes Zeichen einer Tendenzwende, daß man inzwischen das zitierte Lernziel der Fähigkeit, eigene Glücksansprüche durchzusetzen, oder wenigstens diese seine beispiellose Formulierung, getilgt hat.

Fortschritt wird zum Orientierungsproblem, wenn wir die realen Probleme der schädlichen Nebenfolgen stattfindenden Fortschritts als Probleme aufgehaltenen Fortschritts interpretieren, wie es die politische Reform-Rhetorik getan hat. Angemessener wäre es, in solcher Situation auf die traditionellen ideologischen Orientierungsgrößen »progressiv« und »konservativ« überhaupt zu verzichten. Damit ist zugleich gesagt, daß es unangemessen und auch politisch unzweckmäßig wäre, die Tendenzwende, von der hier die Rede war, als eine Bewertungsumkehr im Komplementaritätsverhältnis jener Orientierungsgrößen »progressiv« und »konservativ« aufzufassen. Damit würde man gerade eine unserer tatsächlichen Lage nicht angemessene Orientierungschematik konservieren. Die Tendenzwende, die gegenwärtig überall vermutet wird, ist daher auch als sogenannte konservative Welle ganz unangemessen charakterisiert.

Es ist hier nicht meine Aufgabe, einen politisch verwendbaren anderen Namen für die unverkennbare Tendenzwende vorzuschlagen. Ich charakterisiere sie in bewußter rhetorischer Blässe als eine Wende zur Vernunft und zur Pragmatik der Vernunft.

Zum Abschluß will ich die Pragmatik einer Situation, in der nicht der ausbleibende, sondern der stattfindende Wandel der Dinge unser Problem ist, auf einen Grundsatz bringen, der seinen Ort jenseits der gegenstandslos gewordenen Antithese von Progressismus und Konservativismus hat. Der Grundsatz, den ich in Anlehnung an Martin Kriele formuliere, lautet: Man halte sich unter historischen Bedingungen stattfindenden und sich noch ständig beschleunigenden sozialen Wandels an eine Regel der Beweislastverteilung, nach der die Begründungspflicht in erster Linie bei denjenigen liegt, die ihn vollbringen. Eine solche Verteilung der Begründungspflichten hat mit einer Präokkupation fürs Alte nichts zu tun. Sie ist eine Verfahrenskonsequenz aus der Einsicht, daß die Totalität der Zustände und Normen, unter deren Bedingung wir existieren, viel zu komplex ist, als daß ein ausdrücklicher Nachweis oder eine Widerlegung ihrer Vernünftigkeit auch nur denkbar wäre. Daher bleibt gar nichts anderes übrig, als bis zum Beweis des Gegenteils in die Vernünftigkeit gegebener Zustände und geltender Normen zu vertrauen. Den Beweis des Gegenteils kann man natürlich führen, aber stets nur im Detail. Wer etwas ändern will, kann ihn aber auch tatsächlich führen, das heißt: ihm ist die Beweislast zuzumuten. Trägt er sie leicht, so ist entsprechend die konservierende Wirkung der skizzierten Beweislastverteilungsregel gering, das heißt: sie hindert nicht fällige Änderungen. Ist sie aber schwer zu tragen, so ist die von ihr ausgehende Hinderungswirkung gerade das, was jeder Vernünftige wollen muß.

Gerd Albers

Umweltbewußtsein — Mode oder Umkehr?

Veranstaltungen, die einer Besinnung auf die geistige Situation der Zeit gewidmet waren, hat es schon früher gegeben — einige davon auch im Rahmen dieser Akademie. Kaum je aber dürfte der Themenkreis auf die Fragen der räumlichen Umwelt ausgedehnt worden sein, soweit es sich nicht etwa um eine Sonderveranstaltung gerade zu diesem Aspekt handelte. Wenn nun heute der Fragenkomplex, der mit der Entwicklung dieser unserer Umwelt verknüpft ist, in die Diskussionen über unseren geistigen Standort einbezogen wird, so kennzeichnet das einen neuen Zug unserer Situation: die Einsicht nämlich, daß diese Umwelt durch unser eigenes Verhalten bedroht ist, daß man sich nicht mehr auf ihre Unerschöpflichkeit und ihre Regenerationskraft verlassen kann, und daß sie deshalb unserer Sorge bedarf.

Es ist diese Einsicht, die dem im Titel meines Referats verwandten Begriff zugrundeliegt. Umweltbewußtsein — das mag vielen als eine modische Wortprägung ohne klare Konturen erscheinen. Gerade darum wurde dieser Begriff gewählt, denn wir haben es dabei offenbar mit einem Phänomen zu tun, das in seiner Reichweite und in seiner Dauerhaftigkeit noch schwer zu beurteilen ist. Die Öffentlichkeit bekundet in wachsendem Maße Interesse an der Entwicklung unserer räumlichen Umwelt: an ihrer biologischen Qualität und an der Ergiebigkeit ihrer Bodenschätze, an ihrer visuellen Erscheinung und an ihrer funktionellen Ordnung. Zwar sind die meisten Sachverhalte, um die es dabei geht, seit Jahren zumindest unter Experten bekannt, aber erst jetzt werden sie im Bewußtsein einer breiteren Öffentlichkeit wirksam und beginnen Meinungsäußerungen wie auch politische Entscheidungen zu beeinflussen.

Allerdings ist unsere Zeit schnellebig, und es mag sein, daß diese Aufmerksamkeit nach einiger Zeit wieder einer Interesselosigkeit weicht. Im Titel meines Referates ist die Frage gestellt, ob diese Anteilnahme an der Umwelt vorübergehend sein wird, eine Art Modeerscheinung also, oder ob sie den Beginn einer Wende in unserem Verhältnis zu unserem Lebensraum markiert.

Zunächst müssen wir klären, welche Komponenten zu dieser neuen Erscheinung beigetragen haben und welche Kräfte hinter ihnen wirksam sind. Soweit ich es überblicke, wird dieses Umweltbewußtsein in erster Linie von drei neueren Entwicklungstendenzen bestimmt, die untereinander zusammenhängen. Da ist zunächst die wachsende Einsicht in die Bedeutung, die der physischen Umwelt für unser Wohlbefinden, ja für unsere Existenz zukommt. Drei Aspekte möchte ich dabei hervorheben: die ökologische Qualität der Umwelt als Voraussetzung unserer natürlichen Lebensgrundlagen, die funktionale Organisation, also die Verteilung von Standorten menschlicher Tätigkeiten im Raum, und die Gestaltung, das visuell faßbare Bild unserer Umwelt. Die Öffentlichkeit erkennt, daß die Entwicklungen auf diesem Gebiet — die Inanspruchnahme der natürlichen Hilfsquellen, die Erreichbarkeit und Qualität von öffentlichen Einrichtungen wie Schulen oder Krankenhäusern, die Verfügungsmöglichkeit über Nahverkehrsmittel, aber auch die Veränderung des vertrauten Bildes der Umwelt durch neue Elemente — in wachsendem Maße von bewußten politischen Entscheidungen und keineswegs allein von einem unbeeinflußbaren naturgesetzlichen Ablauf abhängen. Der Versuch, auf solche Entwicklungen Einfluß zu nehmen, liegt deshalb nahe.

Ein zweiter Grund für dieses Interesse scheint mir in der wichtigen Rolle zu liegen, die das Bewußtsein drohender Erschöpfung unserer Energie- und Rohstoffquellen spielt. Zu diesem Bewußtsein hat die Schrift über »Die Grenzen des Wachstums« zweifellos erheblich beigetragen, auch wenn man sich darüber streiten mag, ob die Methodik vollständig befriedigend ist, ob die Schätzungen im einzelnen zutreffen oder nicht. Was zählt, ist die Erkenntnis, daß es Grenzen des Wachstums geben kann und daß sie vielleicht nicht einmal sehr weit entfernt sind. Das ist ohne Zweifel eine neue Grundstimmung; sie ist zwar zu Beginn des industriellen Zeitalters schon einmal durch Malthus angeschlagen worden, hatte dann aber keine Rolle mehr gespielt. In der letzten Zeit hat sie dagegen in wachsendem Maße die Gemüter bewegt und durch die sogenannte Ölkrise zusätzlich Auftrieb erhalten.

Schließlich gibt es einen dritten Einfluß, der zu dem heutigen Interesse an der Umwelt beiträgt; das ist die wachsende Anteilnahme an der Erhaltung und Sicherung von Bauwerken aus früheren Zeitabschnitten, und zwar offenkundig weit über ein Interesse an unmittelbarer Denkmalpflege, also an der Erhaltung von klassifizierten Monumenten der Vergangenheit hinaus. Auch da kann man natürlich fragen, wie weit die Nostalgiewelle als Modeerscheinung mitwirkt und wie weit tieferliegende Motive am Werke sind. Offenbar kommt hier ein Unbehagen am Tempo und am Ausmaß der Veränderungen, denen unsere Umwelt in diesen Jahren ausgesetzt ist, zum Ausdruck. Wandel — das war gleichsam ein Qualitätsbegriff in sich; Veränderung in einer erstarrten Welt schien per definitionem gut und sinnvoll. Inzwischen regen sich Zweifel, ob der Mensch nicht neben der Veränderung auch ein wenig Beständigkeit brauche.

Nun, das sind drei verschiedene, wenn auch verwandte Phänomene, die viele von uns beobachtet haben mögen — aber was steckt hinter ihnen? Sind sie Anzeichen grundstürzender Veränderungen, die sich in anderen Bereichen vollzogen haben, oder nicht?

Zumindest in einem Punkte muß man diese Frage sicher bejahen: bezüglich des Verhältnisses zur Planung und zum Fortschritt im allgemeinen. Nicht nur das neunzehnte, auch noch das zwanzigste Jahrhundert war weitgehend vom Fortschrittsglauben, von dem Vertrauen auf eine dem Weltlauf innewohnende Harmonietendenz beherrscht — eine Tendenz, die es nur gleichsam freizulegen und offenzuhalten galt gegenüber der Fülle widriger Einflüsse und Störungen; so verstand sich der Stadtplaner noch in der ersten Hälfte unseres Jahrhunderts.

Inzwischen haben wir, wie Guardini es vor über zwanzig Jahren formulierte, erkannt, daß die Welt nicht »aus sich selber läuft«, sondern »vom Menschen geführt werden« muß. Das aber erfordert politische Entscheidungen, die nicht ohne weiteres in das traditionelle Konzept der Gewaltenteilung zwischen Legislative und Exekutive passen. Das im einzelnen auszuführen, ist hier nicht möglich, aber schon dieser Hinweis mag genügen, um das wachsende Interesse der Bürger an jenen politischen Entscheidungen über die räumliche Entwicklung zu erklären, die sich unmittelbar auf ihre eigenen Lebensumstände auswirken.

Wahrscheinlich gibt es einen Zusammenhang zwischen dem schwindenden Glauben an die dem Weltlauf innewohnende Fortschrittstendenz und dem sinkenden Vertrauen auf die Unerschöpflichkeit der Hilfsquellen dieser Erde. Denn es sind ja nicht nur die Probleme der künftigen Versorgung etwa mit Öl, Stahl und Kohle, die zur Beunruhigung Anlaß geben, sondern auch die Erkenntnis, daß jene elementaren Lebensvoraussetzungen gefährdet sind, die bisher immer als selbstverständlich vorausgesetzt wurden, die also, ökonomisch ausgedrückt, als Ubiquitäten galten: die Luft und das Wasser. Verschmutzte Flüsse und Ozeane, Länder, die mehr Sauerstoff verbrauchen, als in ihrem Gebiet produziert wird, vom Aussterben bedrohte Tiere, leergefischte Gewässer: in solchen Aspekten wird die Gefährdung unserer Zeit besonders deutlich.

In der Tat hat sich das Kräfteverhältnis von Mensch und Natur in den letzten Jahrhunderten entscheidend gewandelt: das Wirkungsfeld des Menschen hat sich so sehr erweitert, daß die Natur in weiten Bereichen domestiziert ist, daß Veränderungen der Erdoberfläche in großem Umfange möglich erscheinen und daß Entfernungen größten Ausmaßes in knappen Zeiträumen überwunden werden können. Der Handlungsspielraum gegenüber der Umwelt hat sich also ungemein ausgeweitet — bis hin zu der Möglichkeit, diesen Planeten durch unser eigenes Verhalten unbewohnbar zu machen. Das ist nun tatsächlich eine neue geschichtliche Situation.

Was den dritten Wesenszug der Gegenwart angeht, das zunehmende Interesse an den Dokumenten der Vergangenheit, so ist auch hier ein ähnliches Umschlagen von Qualität in Quantität zu beobachten wie beim Verhältnis zu den Hilfsquellen der Umwelt. Jahrhundertelang nämlich war das Übergewicht des Überkommenen so groß, war die Menge dessen, was von Jahr zu Jahr neu gebaut wurde, so relativ gering, daß jede Veränderung nur wenig auszumachen schien. Sie konnte in der Regel als Fortschritt gelten; die Kontinuität der sichtbaren Umwelt schien nicht gefährdet.

Das wurde erstmalig anders im Zuge der Industrialisierung und des großen Städtewachstums im neunzehnten Jahrhundert, und folgerichtig finden wir auch damals Warnungen vor der totalen Veränderung und Anzeichen von Nostalgie. Heute hat sich nun die Situation noch radikaler verschoben — Sie wissen, daß mehr als die Hälfte aller Wohnungen in der Bundesrepbulik nach dem Zweiten Weltkriege gebaut worden ist; bei Büros und Fabriken ist das Übergewicht des Neuen sicher noch größer. Es ist darum verständlich, wenn heute die Sorge wach wird, daß die künftige Entwicklung so gut wie alle Spuren der Vergangenheit, alle Dokumente der Kontinuität auslöschen könnte — und wenn man von der kommenden Industrialisierung des Bauens hört oder gar die sogenannten städtebaulichen Utopisten ernst nimmt, dann hat man guten Grund zur Besorgnis.

Es wäre verlockend, den Gründen und den Erscheinungsformen solcher Wandlungen im Verhältnis zu unserem baulichen Erbe im einzelnen nachzugehen, aber das würde hier zu weit führen. Nur soviel sei gesagt, daß hier ästhetische und moralische Elemente in der Bewertung verflochten sind. So erschien die gründerzeitliche Großstadt in der ersten Hälfte unseres Jahrhunderts aus doppeltem Grunde verwerflich: weil ihre bauliche Entwicklung allein durch den Geist des Liberalismus bestimmt wurde, ohne daß sich in nennenswertem Umfange ein Handeln aus sozialer Verantwortung niedergeschlagen hätte, und weil sie durch die Architektur des Eklektizismus geprägt wurde, durch eine erborgte Formensprache, die als Beleg für das Erlahmen jeder Gestaltungskraft gewertet wurde. Gegenüber dieser akademischen Architektur erschienen der Jugendstil und vor allem die sogenannte »Neue Sachlichkeit« als Durchbrüche zu neuer Frische, Klarheit und Ehrlichkeit. Wenn nun heute diese Architektur des späten neunzehnten Jahrhunderts in ganz anderem Lichte erscheint, so einerseits deshalb, weil die vergrößerte Distanz ein gerechteres, abgewogeneres Urteil erlaubt, andererseits aber auch, weil die Erinnerung an das soziale Elend und die gesellschaftlichen Spannungen, die diese Zeit kennzeichneten und die in der Stadt kulminierten, inzwischen verwischt und überlagert ist durch eine romantisierende Betrachtungsweise. Wer den Niedergang der gemütlichen Eckkneipe beklagt, vergißt häufig, daß sie vielleicht nur deshalb aufgesucht wurde, weil der Aufenthalt in der engen und lichtlosen Wohnung am stickigen Hinterhof unerträglich war.

Nun wirkt aber in diese neue Tendenz zur Bewahrung nicht nur der Gedanke der zeitlichen Kontinuität, sondern auch die Sorge um die örtliche Individualität hinein. Der Zusammenhang ist klar: die zunehmende Gleichartigkeit technischer Bauweisen löscht jegliches Lokalkolorit aus — Bürogebäude, Supermärkte und Schulen zeigen im ganzen Land, ja fast in ganz Europa das gleiche Gesicht. Trugen im Mittelalter der Prinzipalmarkt in Münster und der Marienplatz in München unverwechselbar verschiedenartige Züge, so ließen sich moderne Stadtkerne zwischen Stockholm und Madrid kaum unterscheiden, gäbe es nicht neben der landschaftlichen Individualität auch noch die örtlich geprägten Bauwerke vergangener Zeiten gleichsam als Erkennungssignale.

Wir haben von drei Tendenzen gesprochen, deren jede in gewisser Hinsicht eine Abwendung von der bisherigen Grundauffassung zu bezeichnen scheint, und wir haben einen Blick auf die Zusammenhänge geworfen, die zu diesen neuen Erscheinungen geführt haben. Diese Zusammenhänge konnten nur angedeutet werden, aber sie erlauben doch ein erstes Urteil darüber, ob wir es mit vorübergehenden Erscheinungen zu tun haben oder ob sich hier in der Tat eine grundsätzlichere Wende anbahnt.

Was zunächst das unmittelbare Interesse an der Ordnung der Umwelt, an ihrer Gestaltung und Pflege angeht, so haben wir es auf die Einsicht in die Planbarkeit — und damit die Planungsbedürftigkeit — der Welt zurückgeführt. Es ist zu vermuten, daß diese Einsicht selbst von Dauer sein wird; dagegen ist schwerer zu beurteilen, ob das Interesse an der Umwelt als solches bestehen bleibt oder — wenn die Planung nicht zu besseren Ergebnissen als vorher führt — in Resignation und Gleichgültigkeit umschlagen wird, zumindest was die Gestalt der Umwelt angeht. Etwas anderes ist es mit den natürlichen Hilfsquellen — hier spricht im Grunde alles dafür, daß wir tatsächlich in Zukunft von einem neuen Bewußtsein ausgehen werden, in dem die Begrenztheit und die Gefährdung unserer Ressourcen eine wichtige Rolle spielen werden. Man kann sich kaum vorstellen, daß bei wachsender Zahl der Menschen, bei steigendem Lebensstandard und bei zunehmenden Raumansprüchen je wieder das Bewußtsein des Überflusses, geschweige denn eine reale Überflußsituation zurückkehren wird.

Demgegenüber ist die Frage, wie wir es mit unserem Verhältnis zum baulichen Erbe halten werden, noch offen. Man kann kaum bestreiten, daß ein Teil des Engagements für die Erhaltung historischer Elemente modische Züge trägt, so daß man nicht auf seine Dauerhaftigkeit zählen kann. Andererseits ist jene Gefährdung der Kontinuität, jene Einbuße an historischer und individueller Prägung der Umwelt sehr real, und es ist nur zu verständlich, daß die Notwendigkeit erkannt wird, Orientierungsmarken in Zeit und Raum zu bewahren.

All drei dargelegten Tendenzen erwachsen aus der Unzufriedenheit mit der gegenwärtigen Situation und aus der Erkenntnis, daß es keine selbsttätigen Prozesse gibt, die diesen Mängeln abhelfen könnten. Offenkundig ist der Markt für alle drei Anliegen nicht nur weitgehend unempfindlich, sondern er wirkt ihnen geradezu entgegen. Funktionelle Ordnung des Raumes, also sinnvolle Verteilung von Wohnstätten, Arbeitsstätten, Gemeinbedarfseinrichtungen und Erholungsbereichen erwächst ebensowenig aus Marktentscheidungen wie ein ansprechendes Stadtbild. Auch die langfristige Disposition begrenzter Ressourcen schlägt sich — wie alles langfristige Denken — in den Marktentscheidungen nicht nieder; hier gilt vielmehr das John Maynard Keynes zugeschriebene Wort: »In the long run we are all dead« — auf lange Sicht sind wir alle tot. Und das Bemühen um die Erhaltung alter Bauten ist ganz offenbar ein Ringen gegen die Marktkräfte; der ökonomische »Kapitalverwertungsprozeß« — um einen gängigen Begriff aufzugreifen — ist in der Regel eben kein »Kapitalerhaltungsprozeß«.

Demnach sind alle drei Anliegen nur gegen den Markt oder zumindest unter Veränderung seiner Ausgangsdaten erfüllbar — also durch Planung. Planung ist erforderlich, wenn Funktionsfähigkeit und visuelle Qualität der Umwelt gesichert werden sollen; Planung braucht man, um mit den natürlichen Hilfsquellen sinnvoll hauszuhalten; Planung ist schließlich auch nötig, um die Voraussetzungen für die Erhaltung überlieferter Bauten und Gebäudegruppen zu schaffen.

Andererseits ist Planung suspekt — nicht nur für den Liberalen, der lieber auf das freie Spiel der Kräfte vertrauen möchte, sondern auch für manche, die zwar solches Vertrauen nicht oder nicht mehr besitzen, aber auch auf die vielen Fälle hinweisen, in denen, wie sie meinen, Planung — falsche Planung — zur Verschlechterung der Situation, zur Zerstörung von Umweltqualitäten, zur Vernichtung historischer Substanz geführt hat.

Planung ist also, so scheint es, ambivalent — und hinzu kommt, daß dieser Begriff auf sehr verschiedenen Ebenen gebraucht wird. Für viele hat er einen deutlichen Bezug zur Systemtheorie, zur Mondlandung und zu aller Art technischer Perfektion und mathematischer Optimierung. Ohne Zweifel ist es nicht diese Art von

Planung, die wir meinen, wenn wir die Umwelt in ihrer Gesamtheit als planungsbedürftig betrachten. Denn Planung im gesellschaftlichen Zusammenhang kann nicht perfekte Ablaufplanung sein, weil es dabei nicht, wie bei der Mondlandung, um feste Ziele, einheitliche Willensträger und berechenbare Einflußfaktoren geht, sondern vielmehr um einen kontinuierlichen Steuerungsvorgang, der für neue Entwicklungen offenbleiben, vielen unterschiedlichen Interessen Rechnung tragen und soviel Raum wie irgend möglich für Freiheit und Spontaneität lassen muß.

Aber auch in diesem Bereich der gesellschaftsbezogenen Planung hat sich der Begriffsinhalt im Zeitablauf verändert. Aufschlußreich hierfür ist es, wie sich die Interpretation des Wortes »Entwicklung« in wenig mehr als einem Jahrzehnt bei uns gewandelt hat. Im Bundesbaugesetz von 1960 hieß es noch: »Um die städtebauliche Entwicklung in Stadt und Land zu ordnen, werden Bauleitpläne aufgestellt.« Damit war offenbar eine in ihren Triebkräften autonome Entwicklung gemeint, der die Pläne einen Rahmen setzen sollten, eine Art Spalier, an dem sich die Wachstumstriebe entlang ranken konnten.

Gegenwärtig wird eine Novelle zum Bundesbaugesetz in den gesetzgebenden Körperschaften beraten, die den Entwicklungsbegriff ganz anders verwendet: was jetzt Entwicklungsplanung heißt, soll viel mehr leisten als nur das Angebot eines räumlichen Rahmens für eine eigengesetzlich sich vollziehende wirtschaftliche und soziale Entwicklung. Die Investitionen und ihre Zeitfolge, die kommunale Infrastruktur, die Sorge für benachteiligte Gruppen, die Beeinflussung der regionalen Wirtschaftsstruktur — alles das und mehr fließt in den neuen Begriff mit ein. Neue Bildungsprogramme sollen ebenso einbezogen werden wie die Folgen der Heranziehung ausländischer Arbeitskräfte: an der räumlichen Planung läßt sich ablesen, wie sich der Aufgabenbereich der Verwaltung von der Gefahrenabwehr im neunzehnten Jahrhundert über die Daseinsvorsorge — eine Wortprägung der dreißiger Jahre — zur Entwicklungssteuerung wandelte. Es entspricht dem Wesen dieser

Veränderungen, daß dabei das Gewicht politischer Erwägungen und Zielvorstellungen immer mehr zunahm; es geht nicht mehr nur um die Ausschaltung von Reibungsverlusten, sondern mindestens im gleichen Maße auch um richtunggebende Impulse im gesellschaftspolitischen Sinne. Gleichzeitig aber geriet der Charakter der räumlichen Planung als einer gestaltenden Kunst immer mehr aus dem Blickfeld. Der Städtebau, noch vor fünfzig Jahren als Disziplin verstanden, in der sich Wissenschaft und Kunst vereinten, und insofern noch durch Selbständigkeit und Eigengesetzlichkeit gekennzeichnet, ist heute zu einem von vielen Steuerungsmitteln geworden, mit denen Staat und Gemeinde gesellschaftspolitische Ziele verfolgen. Das ist in sich noch kein Grund zur Kritik — was der Städtebau an Selbständigkeit eingebüßt hat, ist ihm an Durchsetzungskraft wieder zugewachsen —, aber es ist eine Quelle neuer Probleme, die gerade aus der Einsicht in die Vielfalt der Verflechtungen erwachsen. Was man als »naive Phase« der Planung bezeichnen könnte, ist vorbei — die Zeit, in der erkennbare Probleme mit gutem Gewissen sektoral angegangen und in entsprechende Einzelplanungen umgesetzt werden konnten, etwa für Straßenbau, für Flurbereinigung oder für Verbesserung der regionalen Wirtschaftsstruktur.

Heute muß Planung den Systemzusammenhang des Ganzen ins Auge fassen. Sie wird damit zu einer außerordentlich komplexen und differenzierten Aufgabe; ein Blick auf die Gesetzgebung in den letzten Jahren zeigt — etwa am Beispiel des Städtebauförderungsgesetzes —, wie hier auf der einen Seite mehr Zugriffsmittel für die Planung bereitgestellt werden, während auf der anderen Seite aus Sorge vor dem Mißbrauch dieser Mittel ihre Handhabung so kompliziert gemacht wird, daß man den neugeschaffenen Bewegungsraum kaum ausnutzt. Dieser innere Widerspruch führt zu einem Mißverhältnis zwischen den Anstrengungen, den Handlungsspielraum auszuweiten, und dem geringen Maß seiner Verwertung.

Hier wird nun ein allgemeineres Phänomen sichtbar: Die Einsicht in die Vielfalt solcher Verflechtungen, in die Tatsache, daß jede geplante Maßnahme unbeabsichtigte Nebenwirkungen auf anderen Gebieten nach sich zu ziehen pflegt, macht das Gewicht der Verantwortung noch deutlicher; sie erschwert den Entschluß zum Handeln, der angesichts der wachsenden Zahl von Stellen, die zu beteiligen und zu koordinieren sind, ohnehin immer schwerer in die Wirklichkeit umgesetzt werden kann.

So tut sich ein weiterer Widerspruch auf: die neue Interpretation des Planens als komplexe, ressortübergreifende, langfristige Steuerungsaufgabe könnte zwar zu besseren Entscheidungen führen, schränkt aber zugleich angesichts der unvermeidlichen Unsicherheiten den Mut zu solchen Entscheidungen ein. Denn die zwangsläufige Ungewißheit des Ergebnisses führt leicht zu Zweifeln an Berechtigung und Angemessenheit des planerischen Eingriffs. Damit vermehrt sich das Gewicht der Entscheidungen, und so finden wir bei den verantwortlichen Politikern und Planern deutliche Bemühungen um Entlastung, die in zwei ganz verschiedene Richtungen zielen; man kann sie mit den Schlagworten »mehr Wissenschaft« und »mehr Demokratie« umreißen. Beides bietet tatsächlich Ansätze zur Verbesserung der Entscheidungen, beides ist aber in seinen Wirkungsmöglichkeiten begrenzt und jeweils spezifischen Gefährdungen ausgesetzt, beides offenbar gegenwärtig mit zu hohen Erwartungen befrachtet. Was zunächst die wissenschaftlichen Methoden angeht, so richten sie sich auf verschiedene Ziele: auf die bessere Einsicht in die Wirklichkeit und ihre vielfältigen Zusammenhänge, auf die bessere Absicherung von Prognosen der gegebenen Situation und der möglichen künftigen Folgen anstehender Entscheidungen, sowie offenbar auf die exakte Bewertung und damit die sichere Auswahl zwischen möglichen Alternativen. Dabei wird häufig vergessen, daß alle scheinbare Präzision wissenschaftlicher Methodik im gesellschaftlichen Bereich nur darauf beruht, daß man Durchschnittswerte, Wahrscheinlichkeitskoeffizienten und Hypothesen in quantitative Aussagen umsetzt; die Bemühungen um die Simulation städtischer Prozesse in mathematischen

Modellen zeigen die darin liegenden Schwächen sehr deutlich. Und selbst wenn sie sich beheben ließen — das *know how* sagt noch nichts über Sinn und Zweck aus.

Andererseits ist unbezweifelbar, daß hier Entscheidungshilfen geboten werden, die nützlich sein können, wenn man sich ihrer Ungenauigkeiten bewußt bleibt und sie nicht mit Erwartungen belastet, denen sie nicht gerecht werden können. In jedem Falle bleibt die moralische Frage offen, in welchem Sinne, zu welchem Ende man sich solcher wissenschaftlicher Instrumente bedienen solle.

Es ist klar, daß diese Frage nur politisch entschieden werden kann. Aber es ist auch klar, daß für ein solches auf die Formung der Zukunft gerichtetes Handeln die eher statische Konzeption einer gesetzgebenden, einer ausführenden und einer richterlichen Gewalt keine günstigen Voraussetzungen bietet. Das ist schon früh gesehen worden, und die 1939 in den Vereinigten Staaten vorgetragene These einer »vierten Gewalt« deutet eine mögliche Alternative an. Eine andere ist die verstärkte Öffentlichkeitsbeteiligung an der Vorbereitung planerischer Entscheidungen. Das ist ein berechtigtes Anliegen, auch wenn es von Gegnern der repräsentativen Demokratie, die hier einen Ansatz zum Rätesystem sehen, oder von Interessenten ganz anderer Art gelegentlich für ihre Zwecke vorgeschoben wird. Denn man muß wohl anerkennen, daß mit der Zurückdrängung des Marktes, dessen Mängel gerade in der räumlichen Entwicklung so offenkundig sind, nicht nur seine Schwächen, sondern auch seine Vorzüge beseitigt werden. Die Beteiligung der Öffentlichkeit müßte also als ein Mittel dienen, jene Präferenzen der großen Masse, die sonst am Markt spürbar wurden, nun auf andere Weise erkennbar und ablesbar zu machen. Andererseits kann man gewiß nicht erwarten, daß durch vermehrte Öffentlichkeitsbeteiligung in Zukunft Fehlplanungen vermieden werden; eher kann man fürchten, daß alle Arten von Planung immer weniger durchsetzbar werden, weil die negativ Betroffenen ihre Interessen immer so lautstark vortragen werden, daß eine Entscheidung gegen solche Argumente für die Politiker zunehmend unpopulärer wird. Hier jedenfalls gibt es Nahrung für die düsteren Prognosen von der wachsenden Unregierbarkeit unserer großen Städte. Wir haben es hier mit einem Konflikt zu tun, der auf einem unauflösbaren Widerspruch beruht: auf der einen Seite zwingt die Berücksichtigung der Verflechtungen, der Ruf nach besserer Koordinierung — die in aller Regel nichts anderes als Koordinierung von oben sein kann — zur Verschiebung der Entscheidungsebene für eine Fülle von Sachfragen nach oben, also auf regionale und staatliche Instanzen, während auf der anderen Seite die bürgernahe Verwaltung, die Mitsprache des Einzelnen, die Ordnung in überschaubaren Zusammenhängen mit Recht als erstrebenswertes Ziel erscheint. Hier wird es nur um Kompromisse gehen können — wie übrigens auch im Verhältnis von Planung und Markt, zwischen denen schwerlich im Sinne klarer Alternativen entschieden werden kann. Die Aufgabe besteht darin, zu einer Symbiose, zu einer Art Arbeitsteilung zwischen beiden zu gelangen.

Aus alledem wird deutlich, daß es wenig Aussicht bietet, wenn man seine Hoffnung auf eine positive Entwicklung in der Zukunft allein an methodische und organisatorische Verbesserungen der Planung knüpfen wollte. Von ihnen ist keine Abhilfe zu erwarten, wenn sich die Grundeinstellung zur Ordnung und Pflege unserer Umwelt nicht verändert — oder richtiger: wenn es uns nicht gelingt, einer in Festreden, Firmenwerbung und Wahlaufrufen bekundeten positiven Grundeinstellung auch im Bereich der konkreten politischen und wirtschaftlichen Entscheidungen zur Verwirklichung zu verhelfen.

Es wird also maßgeblich darauf ankommen, daß der Inhalt dieser Entscheidungen von langfristigem Verantwortungsbewußtsein und von einem gesamtwirtschaftlichen Denkansatz bestimmt sein wird — statt von partikularen, an kurzfristigen Vorteilen orientierten Erwägungen. Gewiß, das bedeutet eine Art moralischer Umkehr, und es spricht wenig dafür, daß solche Umkehr allein durch wohlgemeinte Appelle herbeigeführt werden könnte. Andererseits haben wir heute einen so spürbaren Druck der realen Situation, daß schon die nüchterne Vernunft, die Rationalität des Egoismus, eine solche Umkehr nahelegt. Dabei mag uns zustattenkommen, daß die gegenwärtige demographische Entwicklung in der Bundesrepublik einen Trend-Umbruch voraussehen läßt, dessen Gewicht zweifellos noch nicht voll überblickt wird. Wir haben heute in der Bundesrepublik mit einer schrumpfenden Bevölkerung zu tun; wir glauben nicht mehr an die simplen Extrapolationen eines wachsenden Bruttosozialproduktes, die in der Wirtschaftswunder-Euphorie so viel Anklang fanden. Allerdings wäre eine generelle Wachstumsfeindlichkeit töricht: Wachstum, verstanden als ein Zuwachs von Arbeitsproduktivität, ist in jedem Falle erwünscht; etwas anders ist die Frage, für welche Zwecke diese wachsende Produktivität eingesetzt wird.

Mir scheint unzweifelhaft, daß wir — so oder so — vor der Notwendigkeit stehen, wesentliche Teile unserer Produktivität für die Erhaltung der Umwelt einzusetzen und damit der Produktion von Konsumgütern zu entziehen. Auch darin wäre ein Element jener Umkehr zu sehen, die im übrigen sehr verschiedene Formen annehmen könnte. Sie könnte dazu führen, sich von der immer stärkeren Domestizierung und Verplanung der Welt abzuwenden und deutlicher als bisher das Ziel ins Auge zu fassen, durch Planung den Raum der Freiheit offenzuhalten. Sie könnte auch der bisherigen Tendenz entgegenwirken, immer größere Maßstäbe, immer weiterreichende Verflechtungen anzustreben; es ist möglich, daß das Bewußtsein der wachsenden gegenseitigen Abhängigkeiten in dieser Welt — und mit ihm das Bewußtsein einer zunehmenden Krisenanfälligkeit bei jeder Gleichgewichtsstörung — zu einem Streben nach kleineren Maßstäben, nach mehr Selbständigkeit führt. Dieser Gedanke findet sich mehrfach in utopischen Darstellungen aus früherer Zeit, und vielen wird er auch heute utopisch erscheinen, zumal da er kaum ohne Bereitschaft zur Einschränkung von Produktion und Konsum zu verwirklichen sein wird. Doch scheint mir das kein durchschlagendes Gegenargument — die konstruktive Wirkung der Utopie sollten wir nicht zu gering schätzen.

Lassen Sie mich zusammenfassen: An die Stelle eines Denkens, das die Umwelt allzu lange als Verfügungsobjekt und Manövrierfeld, allenfalls als Randbedingung individuellen und politischen Handelns gesehen hatte, tritt offenbar die Bereitschaft, dieser Umwelt in ihren ökologischen Zusammenhängen, in ihrer funktionalen Ordnung und nicht zuletzt auch in ihrem Erscheinungsbild einen höheren Stellenwert einzuräumen als bisher. Mit ihr verknüpft sich die wachsende Einsicht in die Vielfalt von Verflechtungen, die zwischen den verschiedenen Lebensbereichen bestehen und die bei jeder Einflußnahme auf einem Gebiet Auswirkungen auf anderen verursachen. Damit wird Planung zunehmend notwendiger, aber auch zunehmend schwieriger, wie die aufgezeigten Widersprüche erkennen lassen; über technische und organisatorische Verbesserungen hinaus wird ein gesamtwirtschaftlicher Denkansatz, wird das Bewußtsein einer umfassend verstandenen Verantwortung gefordert. Ein solches Bewußtsein müßte dazu führen, daß wir künftig einen höheren Anteil unseres Sozialproduktes als bisher auf die Ordnung und Pflege unserer Umwelt verwenden und daß wir uns zugleich im Gebrauch unserer technischen Machtmittel zur Veränderung der Welt einschränken. Für eine solches Umdenken scheinen die Voraussetzungen gegenwärtig günstiger zu sein als im vergangenen Vierteljahrhundert. Allerdings könnte man dieser Perspektive entgegenhalten, daß dies eine Abkehr von Triebkräften bedeute, die den Weg der westlichen Zivilisation in den letzten Jahrhunderten bestimmt haben, also letztlich eine Umkehr auf diesem Wege.

Man kann daran zweifeln, ob unsere Gesellschaft zu solcher Umkehr bereit und fähig ist, ob moralische Appelle oder düstere Untergangsprognosen ausreichen, eine derartige Wandlung herbeizuführen. Gelingt das nicht, so wird man die gegenwärtigen Tendenzen, von denen ich eingangs sprach, wohl nur als ohnmächtigen Ausdruck des Unbehagens an einer Entwicklung werten müssen, die einzudämmen unsere Entschlußkraft nicht ausreicht. Sie könnten angesichts der Unfähigkeit, etwas zu ändern, bald abklingen und der Resignation weichen. Ein grundsätzlicher Wandel wird sich wohl nur vollziehen, wenn dabei auch die Frage nach dem Sinn unseres Handelns aufgeworfen wird. Vielen mag es fruchtlos erscheinen, auf sie in einer pluralistischen Gesellschaft Antwort zu erwarten. Gleichwohl muß diese Frage gestellt und lebendig erhalten werden, denn allein um ihre elementaren Lebensgrundlagen zu sichern, wird diese unsere Gesellschaft ein Mindestmaß an Konsens über einen solchen Sinn gewinnen müssen.

Golo Mann

Die alte und die neue Historie

Eine Banalität zuerst. Es gibt nur *eine* Wahrheit, sie sei so unendlich vielfältig, wie sie sei, und nur *eine* Wissenschaft. Also kann es eine marxistische und eine bürgerliche Historie so wenig geben, wie es marxistische und bürgerliche Physik gibt. Mit anderen Historikern oder historischen Theoretikern hat Karl Marx zur Entwicklung der Geschichtswissenschaft einen beträchtlichen Beitrag geleistet. Es gab Zeiten, in denen dieser Beitrag von sogenannten bürgerlichen Historikern in Freiheit assimiliert und gebraucht werden konnte, soweit er für sie taugte, zum Beispiel von Max Weber. Die neue Dogmatisierung, Politisierung, Idolisierung des Marxschen Beitrages erschwert einen solchen freien Gebrauch. Erst gegenüber dem Dogma wird man zum Nichtmarxisten, was man eigentlich doch nicht sein sollte; ein freier Forscher und Schriftsteller ist weder Marxist noch Nichtmarxist, er kennt diese Alternativen gar nicht. So aber gerät man in die Defensive, in die Polemik; man kann auch versucht sein, den Urvater als Kronzeugen gegen gewisse neomarxistische Positionen anzurufen: Marx selber habe doch eminent historisch gedacht, Marx selber habe sich geweigert, irgend eine vergangene Gesellschaftsform, eine Anordnung der Produktionsverhältnisse zu verurteilen, bevor sie alle ihre Möglichkeiten voll entfaltet hätte, und so weiter. Es ist aber gar nicht so überwältigend wichtig, was Marx gedacht hat; er war nur einer unter vielen.

Nun zur Sache.

Wie in unseren Jahren die Wirtschaft und Politik, die Gesellschaft überhaupt, wie seit zehn bis zwanzig Jahren andere sogenannte Geisteswissenschaften, etwa die Germanistik, wie die schöne Literatur und die bildenden Künste befindet die Historie sich in einer Krise, über die wir beliebig viel lesen können. Von jüngeren Historikern kommt der Ruf: Geschichte, ja, aber anders, ganz anders als bisher. Von Nicht-Historikern kommt der Ruf: Fort mit den Einrichtungen einer speziellen Geschichtswissenschaft überhaupt, fort mit dem Geschichtsunterricht in den Schulen! Verlegt das, was die Historie allenfalls noch Nützliches zu bieten hat, auf andere Forschungs- und Unterrichtsfelder, Gesellschaftswissenschaft, Wirtschaftskunde, Rechtskunde.

Im Folgenden werde ich jene, welche Geschichtswissenschaft oder Geschichtsunterricht ganz abschaffen wollen, nicht im Auge haben; nur jene, die eine neue Historie fordern oder zu praktizieren glauben. Dabei werde ich gelegentlich unterscheiden zwischen einer gänzlich neuen Historie, die es nicht geben kann und nicht geben soll auf der einen Seite, und einer relativ neuen Historie, die es immer gegeben hat und auch heute geben muß.

Für die Krise der Geschichtswissenschaft werden uns zwei Hauptursachen genannt. Die eine ist speziell deutscher, parochialer Art; die andere ist weltweit.

Die deutsche Ursache: Im Hohenzollernreich, in der Weimarer Republik und während der ihr folgenden zwölf Jahre haben die deutschen Historiker versagt. Wenn sie selbst nicht Lakaien der Macht waren — aber oft waren sie es —, so haben sie doch den Nationalstaat, den Staat überhaupt verherrlicht, den Primat der äußeren vor der inneren Politik behauptet. Um Wirtschaft und Gesellschaft, und um jene, die sie trugen, die breiten Massen der Arbeitenden, haben sie sich wenig gekümmert. Diese »national-liberale« Historikerschule, so heißt es, habe auch nach 1945 unverdrossen weitergemacht; erst in den sechziger Jahren sei es gelungen, sie wenigstens halbwegs zu verdrängen und für neue wissenschaftliche Methoden, neue Fragestellungen Raum zu gewinnen.

Meine Antwort: Solche Staats-, Macht- und Erfolgsanbeter hat es gegeben. Sogar kenne ich ältere Leute, die sich in ihrer Jugend schärfstens gegen die schwachen Epigonen der Droysen und Treitschke wandten; damals war das schwieriger, als es heute ist. Wie gerechtfertigt nun aber die Forderung nach mehr Sozialgeschichte und entsprechend weniger nur-politischer Geschichte auch sein mag: man unterschätzt, man übersieht, nicht immer, aber oft, was auch die alte Historie auf dem Gebiet der Gesellschaftsgeschiche geleistet hat, auch in Deutschland; es wird hier genügen, die Namen Lamprecht, Schmoller, Hinze, Schnabel zu nennen. In Amerika ist die *New History*, die Geschichtsschreibung Charles Beards und seiner Freunde, nun fünfzig Jahre alt; längst vertraut sind jene Werke, in denen die Geschichte der Nation auf unzähligen Pfaden vorwärts geschleppt wird, in denen von Lebensbedingungen und Löhnen, von Zöllen und Währung, Agrikultur und Industrie, Schulen, Rechtswesen, Presse, Literatur, Küche, Philosophie und so fort gehandelt wird, und dann auch von Politik, von ihr aber mit einer kaum verschleierten Verachtung. Und selbst diese *New History* war damals so neu nicht. Man blicke doch in den ersten Band von Taines »Entstehung des modernen Frankreich«; wie man da alsbald überwältigt wird von Zahlen, mit unsagbarem Fleiß gesammelt, und von dem, was Zahlen bedeuten, Einkommen, Privilegien, Löhne, höchste und niedrigste, öffentliche und private Schulden und so fort, und dann sage man, der erzkonservative Taine habe sich nicht genügend um Wirtschaft und Gesellschaft gekümmert. Die neue Historie unserer Jahre ist also so ganz neu nicht. Sie steht, geht es mit rechten Dingen zu, in einer Entwicklung; sie bedeutet keinen Bruch und keinen totalen Neubeginn.

Die andere Ursache für die Krise der Historie greift sehr weit. Das europäische Staatensystem ist zusammengebrochen; also ist auch seine Geschichte nicht mehr interessant. Wie Europa sich heute in der Weltpolitik mit einem kläglichen Platz begnügt, so müßte es auch unser Kontinent im geschichtswissenschaftlichen Betrieb. Die wirkliche Krise ist universal. Man kennt ihre Komponenten: Überindustrialisierung und Zerstörung der natürlichen Umwelt, Bevölkerungsexplosion, Überfluß hier, Hungersnot dort, obendrein der Wahnsinn des Wettrüstens zwischen den Supermächten, wobei es beständig und buchstäblich um die Frage geht, wer wen genügend prompt vernichten kann, um nicht selber vernichtet zu werden. Auf diese in der Geschichte des Menschen völlig beispiellose Situation, müsse, so hören wir, auch der Historiker als öffentlich handelnder, der Öffentlichkeit verantwortlicher Forscher sich beziehen.

Meine Antwort: Er muß nicht, er kann, wenn der Geist oder sein Pflichtgefühl ihn dazu treibt. Er kann es neben seiner eigentlichen Arbeit, als Staatsbürger, als Mitglied von Gremien, die sich jenen globalen Gegenwartsfragen widmen; er kann es auch im Hauptberuf, wenn er etwa Zeitgeschichte, Geschichte von gestern, im Hinblick auf die Zukunft betreibt, oder wenn er sich einem jener neuen Forschungsunternehmen ergibt, welche Mischungen alter Disziplinen zu einem aktuellen Zweck sind, zum Beispiel der Friedensforschung. Das kann er. Aber die Frage, was der Historiker heute allein noch tun soll oder muß, ist falsch gestellt. Müßten wir alle uns ihrer Beantwortung fügen, so lebten wir schon unter geistigem Despotismus. Das Interesse an der Geschichte ist nicht ein all-eines, es ist vielfältig, so wie die Funktionen des Gedächtnisses vielfältig sind. Als akademischer Lehrer wird der Historiker gut tun, seine Studenten zu interessieren, sonst wird er ein trauriges Leben haben. Als Schriftsteller wird er gut tun, Leser zu interessieren, sonst muß er sehen, wo er mit seinen Büchern bleibt. Im übrigen ist er frei, das zu erforschen und darzustellen, an dessen Bedeutung für die Gegenwart er glaubt. Daß er, wie gern betont wird, in der Gegenwart für die Gegenwart schreibt, ist unvermeidbar richtig; ich habe noch nie einen getroffen, der in der Vergangenheit für die Vergangenheit geschrieben hätte. Aber, was ist »für die Gegenwart«? Braucht die Gegenwart nur noch ökologische Forschung, ernährungswissenschaftliche Forschung, Friedensforschung und andere solche aktuellen Forschungen, und nur diese, dann in der Tat müßte man die Historie abschaffen, oder sie nicht tiefer in die Vergangenheit führen als, sagen wir, bis zum Jahr

1945. Unmöglich ist es, altrömische Geschichte im Hinblick auf die Verschmutzung der Meere zu schreiben, oder die Kultur der Azteken im Hinblick auf das nukleare Wettrüsten zu begreifen.

Neben der Forderung nach direkter Bezogenheit historischer Forschung auf die drängenden Nöte des Augenblicks steht eine andere: Alle historische Arbeit müsse emanzipatorisch sein, müsse der Emanzipation dienen. Beide Anliegen sind nicht das gleiche. Die Überwindung jener Gefährdungen und Nöte, kann sie überhaupt gelingen, wird viel Zwang erfordern, hoffentlich — ich sage, hoffentlich — von demokratisch legitimierten Mächten ausgeübten Zwang. Was das Wort Emanzipation bedeutet, weiß ich so genau nicht, aber weiß es ungefähr: es bedeutet Freilassung, dann Freiheit von jeder ungeprüften Tradition, Freiheit von Zwang, Selbstbestimmung, eine herrschaftsfreie Gesellschaft, ein, so lautet die Formel, Zu-sich-selber-Kommen der Menschheit. In der Masse einer fünftausend- oder fünfzigtausendjährigen Menschheitsgeschichte den roten Faden zu finden, der zu jenem nun mit Händen zu greifenden Ziel führt, sei die Aufgabe des Historikers. Auch diese Forderung ist nicht ganz neu. Immanuel Kant hat sie formuliert, wie man es heute klarer nicht könnte. So sehr ich nun Kant liebe — ein Eklektiker liebt manches —, so sehr zweifle ich. Und zwar doppelt: Erstens, was die Sache, die Emanzipation, und zweitens, was das Verhältnis des Historikers zur Sache betrifft.

Über die Sache werden wir von einem anderen Referenten hören, der sich tiefer mit ihr eingelassen hat als ich. So darf ich mich kurz fassen. Daß die europäische Moderne während der letzten, sagen wir vierhundert Jahre im Zeichen von Emanzipation stand, bestreitet niemand; Emanzipation von Überlieferung, welche fortschreitender Wissenschaft im Wege stand und weltliche Hierarchien aufrecht erhielt, Emanzipation von Herrschaft überhaupt, von Aberglauben, von Glauben überhaupt; zwischen Aberglauben und Glauben könnte ein Unterschied wohl definiert werden. Emanzipation, im wörtlichen Sinn, der leibeigenen Bauern und der Sklaven, die Gleichberechtigung der Frauen, die Auflösung der europäischen Kolonial-Imperien, mit Ausnahme des russischen, das alles gehört in diesen weiten Umkreis. Einige sehr wohltuende Neuerungen, die unsere letzten zwei Jahrzehnte gebracht haben, in der Familie, in der Schule, im Berufs- und Arbeitsleben, gehören auch dazu. Aber das ist nur eine Seite. Alle die planetarischen Nöte, Wirren und Gefährdungen, stellen die andere Seite, stellen andere Folgen desselben vierhundertjährigen emanzipatorischen Prozesses dar; ohne ihn keine Überindustrialisierung, keine ökologische Krise, keine Bevölkerungsexplosion, kein nukleares Wettrüsten und so fort. Da wir ferner gar nicht wissen, wie dieser Prozeß weitergehen, ob und wie er je ein Ende finden wird, Wert oder Sinn des Ganzen aber nur vom Ende her zu beurteilen wären, so kann Emanzipation nicht sein, als was es uns aufgenötigt wird: das *eine* Prinzip, welches das Gute vom Schlechten trennt, um dessentwillen allein Historie sich lohnt und an dem der Historiker sich auszurichten hat. Er kann das, wenn er will; für einige Epochen mag es ihm besser glücken als für andere. Letzthin aber wird eine *nur* auf Emanzipation als das höchste Gut und sichere Ziel hin geschriebene Geschichte der Komplexität und Ambivalenz des Gegenstandes immer Gewalt antun; nicht so ganz anders, als die nationalliberalen Historiker taten, die Brandenburg-Preußen seit dem Großen Kurfürsten als die vorbestimmte nationaldeutsche Führungs- und Einigungsmacht verstehen wollten.

These: Es ist keine unabdingbare Pflicht des Historikers, der sogenannten Emanzipation zu dienen oder überhaupt, als Historiker, politisch wirken zu wollen. Das kann er, er muß es nicht. Wir haben Beispiele dafür, daß ihm aus politischer Leidenschaft schöpferische Energien für die Gestaltung seines Werkes zuflossen. Wir haben aber auch Beispiele dafür, daß politische Leidenschaft die Beurteilung vergangener Epochen, Zusammenhänge, Ereignisse und Gestalten trübte, bis zum Pamphletartigen. Der Beruf des Pamphletisten ist so ehrenhaft wie der des Historikers, aber beide Tätigkeiten sollten auseinandergehalten werden.

Strukturanalyse und Ereignisgeschichte. Die neue Historie verachtet die sogenannte Ereignisgeschichte, die narrativ ist, zu deutsch: erzählt wird. Einige junge Historiker gehen so weit, selbst noch in der Geschichte von Strukturen, etwa in der Geschichte der preußischen Bürokratie innerhalb eines bestimmten Zeitabschnitts, der provençalischen Landwirtschaft im fünfzehnten Jahrhundert, »verkappte Ereignisgeschichte« zu entlarven. Ereignisgeschichte wird verfolgt, wie der Großinquisitor die Ketzer verfolgte.

Meine Antwort: Strukturanalysen und Ereignisgeschichte haben beide ihre Vorzüge und ihre Gefahren. Selbstverständlich ist auch Strukturanalyse nicht neu. Man findet sie in der historischen Soziologie Max Webers, in den mehr oder weniger sozialistischen Geschichten der Französischen Revolution, bei Jaurès, Matthiez, und in anderen Werken des neunzehnten oder frühen zwanzigsten Jahrhunderts. Namen heute lebender Autoren möchte ich in diesem Referat grundsätzlich nicht nennen. Man müßte zu viele nennen, und doch zu wenige.

Der Vorzug der Analyse ist Schärfe der Zeichnung, die durch Abstraktion gewonnen wird. Die Zeit steht still, die Wirklichkeit »fließt« nicht — Ausdrücke wie »fließen«, »fortschreiten« sind, das weiß ich auch, unvermeidlich aus den Dimensionen des Raums, nicht der Zeit genommen —, die Wirklichkeit wird nach Begriffen unterteilt; Herrschaftsverhältnisse, Wertungen, Quellen und Akte der Gesetzgebung, Einrichtungen, Verfahren, Konflikte zu regeln und so fort, werden Begriffen untergeordnet, aus denen dann auch, gleichsam nebenher, der Gang der Ereignisse, innen- und außenpolitisches Handeln als Symptom oder als Folge verstanden wird. Aus solchen Analysen, werden sie von frei die Wahrheit suchenden Forschern, nicht von Dogmatikern unternommen, kann man lernen. Die Gefahren der begrifflichen Analyse sind die folgenden: Die Wirklichkeit einer vergangenen Gesellschaft wird durchrationalisiert, so als ob alles zusammenstimmte, alles einem Nenner gehorchte, durch den die Geschehnisse prädeterminiert gewesen wären. Das waren sie nie. Unsere Zukunft ist offen; also war jede Zukunft offen. Ferner geht in der bloßen Analyse die Fülle des

Lebens, seine Vielfalt und Widersprüchlichkeit, seine eigentliche Menschlichkeit verloren, derart, daß man, in dem Fall, den ich im Auge habe, bei der Lektüre einer kenntnisreich und geistvoll durchgeführten Strukturanalyse des Hohenzollernreiches, den Eindruck gewinnt, die deutsche Gesellschaft jener Zeit müsse ein einziger, präzise durchkonstruierter Albtraum gewesen sein. Was sie ganz sicher nicht wahr. Der preußische Adel als eine ökonomisch verfallende, ihre anachronistischen wirtschaftlichen, sozialen, politischen Privilegien erbittert verteidigende Klasse ist ein Abstractum; als Hypothese gut geeignet, gewisse Positionen oder Treibereien der Konservativen Partei oder des Bundes der Landwirte zu erklären. Außer acht läßt sie Lebensformen, wie man sie in den späten Romanen Fontanes oder Eduard von Keyserlings studieren kann. Nicht hilft sie zu erklären, warum gerade aus dem preußischen Adel, nicht aus ihm allein, aber eben doch auch aus ihm, ein zu jedem Opfer bereiter und geistig durchdachter Widerstand gegen den Nationalsozialismus hervorgehen konnte.

Analyse führt zu Begriffen, die dem Forscher schon vorher bekannt sind; richtiger gesagt: sie geht von Begriffen aus, die aus einer anderen historischen Wirklichkeit abgezogen wurden. Schwer mit dieser anderen Wirklichkeit, werden sie zum Greifen einer neuen nur begrenzt taugen. Wird zum Beispiel Bismarcks Regierungssystem dem Begriff »Bonapartismus« untergeordnet, so bleibt die Versuchung nicht aus, in Bismarcks Regierung Grundsätze hineinzuinterpretieren, die ihm fremd waren, zum Beispiel das Plebiscit; ebenso die Versuchung, Tatsachen zu übersehen, die zu dem Begriff nicht passen, zum Beispiel, daß Bismarck selber ein großer Parlamentarier war, daß das Parlament, der Reichstag, in der Ära Bismarck eine sehr beträchtliche, ständig wachsende Macht besaß, und daß ohne eine neue, aus Wahlen hervorgegangene Anti-Bismarck-Mehrheit im Reichstag der Kanzler nie hätte gestürzt werden können; was nun gewiß nicht zum Begriff »Bonapartismus« paßt. Historische Wirklichkeit geht in den von uns gebildeten Begriffen nie auf, so notwendig sie sind. Will man mit ihrer Hilfe die Wirklichkeit durchrationalisieren, so gelangt man endlich zu so unsinnigen Behauptungen wie jener, der Judenmord sei ein stimmiges, unvermeidliches Produkt des Spätkapitalismus gewesen. Über die Hitler-Diktatur schreibt der französische Historiker Paul Veyne: »Wir mußten erleben, daß eine Nation, die hundertfünfzig Jahre lang das Athen Europas gewesen war, sich zu einer bis dahin unbekannten Tiefe von Barbarei erniedrigte; wir sahen einen in die Bohème abgesunkenen Kleinbürger einen Weltkrieg entfesseln, mit zwei Absichten: die Juden zu vernichten, das gehört zur Ideengeschichte, und den Deutschen im Osten Ackerland zu erobern; das Letztere eine uralte, von reinen Agrargesellschaften stammende Vorstellung, der antike Hunger nach mehr Land, zu unserem ungläubigen Staunen wiederbelebt im Zeitalter der Industrie und des Professors Keynes.« Was will Paul Veyne damit sagen? Gewiß nicht, das Dritte Reich sei ein bloßer Betriebsunfall gewesen. Jedoch: keineswegs sei es als schon unvermeidlich angelegt gewesen, in dem zivilisierten, seinen Bürgern sehr weitreichende Freiheiten garantierenden Reich Bismarcks oder in noch tieferer Vergangenheit. Ereignisse gibt es, Entscheidungen gibt es, die man, sie mögen noch so schrecklich, noch so folgenschwer sein, nicht transparent machen, nicht rationalisieren kann, indem man sie auf Strukturen der Gesellschaft, Wirtschaft und Macht, so wie sie vorher waren, gänzlich zurückführt. Das ist ein Argument Paul Veynes gegen die neue Historie; meiner Meinung nach ein unwiderlegliches.

Ein paar Sätze über den sogenannten »Interpretationseklektizismus«, nicht das einzige unlängst geborene Wortungetüm, mit dem wir uns wohl oder übel herumzuschlagen haben. Das Wort bedeutet den folgenden Vorwurf: Der und der Historiker, anstatt sich an einen einzigen Meister der Interpretation, an dessen Modell, an dessen Hypothese zu halten, hat von mehreren Meistern gelernt; er lehnt sich an Marx an, aber tadelnswerter Weise gelegentlich auch an, sagen wir, Max Weber, sagen wir, Sigmund Freud. Diese Kritik setzt von zwei Dingen eines voraus. Entweder: unsere Menschenwelt gehorcht einem einzigen Gesetz, wird von einem einzigen Motiv, einer einzigen Art des Konfliktes durchgehend und regelmäßig bewegt, es ist darum unstatthaft, ihr im Ansatz verschiedene Fragen zu stellen und prinzipiell verschiedene Motivationen, Zusammenhänge, Verursachungen zu suchen. Oder: Vergangenheit existiert überhaupt nicht für sich, sondern nur für uns, wäre ohne das erkennende Subjekt gar nicht da und hat sich darum, ob sie will oder nicht, unseren Kategorien zu fügen; wollen kann sie sowieso nichts, weil sie nur durch uns existiert. Beide Voraussetzungen sind falsch. Die erste, nur *ein* historisches Gesetz, nur *ein* Modell, sei der Wirklichkeit eingeprägt, ist barer Aberglaube, durch keine Erfahrung zu stützen. Die Betrachtung der zweiten würde uns, was heute abend nicht möglich ist, in die historische Erkenntniskritik oder Hermeneutik führen, einen Zweig der Wissenschaft, dessen Bedeutung zu bestreiten mir fern liegt. Persönlich möchte ich jedoch heute abend Farbe bekennen und mich als einen reinen Empiriker, einen Anhänger des naiven Realismus, der Korrespondenztheorie, des *common sense,* oder was es sonst noch für Namen gibt, die alle dasselbe meinen, bezeichnen. Es ist überhaupt kein Grund, warum man vergangenes, schriftlich fixiertes Denken nicht genau sollte verstehen können, wie es im Momente selber gemeint war: ein politisches Memorandum aus dem siebzehnten Jahrhundert, einen Brief Ciceros oder die Gesetze des Hammurabi. Auch dann kann man vergangenes Denken nachvollziehen und aus ihm stammendes Handeln verstehen, wenn es ein uns völlig fremdes Denken ist, zum Beispiel die Menschenopfer bei den Azteken, das Herausschneiden der Herzen aus den mit besternten Gewändern bedeckten Körpern von Kriegsgefangenen, wofür eine klar verständliche Erklärung gefunden wurde. Auch dann kann man den ursprünglichen Sinn zum Beispiel eines römischen Gesetzes oder Grundsatzes genau erkennen, wenn seine Bedeutung sich im Lauf der Jahrhunderte mehrfach gewandelt hat; es ist möglich, den ursprünglichen Sinn von späteren Interpretationen genau zu unterscheiden. Für den Grundsatz *Prin-*

ceps lege absolutus hat das ein Rechtshistoriker unserer Tage sehr klar gezeigt.

Jede Wissenschaft hat ihr Heil und ihr Unheil. Das Unheil der historischen Erkenntniskritik unserer Tage liegt darin, daß, was von subtilen Geistern produziert wurde, in plumpere Hände geriet; so daß heute mit Ausdrücken wie »Falscher Objektivismus« herumgeworfen wird, als ob objektive Erkenntnis vergangener Wirklichkeit überhaupt nicht möglich wäre, als ob die Toten nur für uns da wären, und wir mit ihnen zu unseren Zwecken nach Belieben hantieren, was uns gerade paßt, ihnen andichten könnten.

Auch die Meinung, Kulturen, die von der unseren grundverschieden sind, seien nicht mit den ihnen eigenen, sondern mit *unseren* Kategorien, zum Beispiel mit dem neuesten Sammelbegriff »Sozialisation« »aufzuschlüsseln«, verlangt eine Korrektur. Sozialisation bedeutet das Instrumentarium — ich gebrauche nun diese Formel absichtlich — das Instrumentarium, mit dessen Hilfe glaubenslose und interessebewußte Vertreter von Oberschichten die Masse des Volkes rechtzeitig an die Kandare nehmen: Familie, Schule und Erziehung, Kirche, Armee, öffentliche Moral. Dergleichen mag für das Hohenzollernreich ungefähr, sehr ungefähr, passen; für das Reich der Inkas taugt es nicht. Wenn der allmächtige Inka-Herrscher sich von der Sonnengottheit beschützt glaubte, und darum sich unbewaffnet in das spanische Lager tragen ließ, was schlimme Folgen für ihn hatte, dann läßt sich solch ein Akt nicht durch »Sozialisation« »aufschlüsseln«. *These:* Der Historiker, auch wenn er selber keinen Glauben hat, muß den Menschen vergangener Kulturen im Grundsatz ihren Glauben glauben. Andernfalls versteht er sie nicht und sollte die Hände von ihnen lassen.

These: In dem Anspruch, alle Vergangenheit den in unseren Jahren gebildeten historischen Begriffen zu unterwerfen, liegt verborgene Herrschsucht und Anmaßung. Der Wille, der hier obwaltet, ist nicht so ganz verschieden von dem Willen, sich die Natur zu unterwerfen, sie zu unseren Zwecken auszunutzen und auszuweiden. Das Recht der Natur, das Lebensrecht der Tiere und

Pflanzen wiederherzustellen, ist eine unvergleichlich dringendere Aufgabe als die Historie wiederherzustellen. Aber beide Aufgaben stehen in einem Zusammenhang. Zivilisationen, welche die Vergangenheit respektierten, haben auch Respekt vor der Natur gehabt und ihre Siedelungen der Landschaft wunderbar angepaßt. Wir haben noch Überreste davon, aber unseren neuen Siedlungen kann man diese Tugend nicht nachrühmen.

Der Ehrgeiz, die Vergangenheit zu beherrschen, erreicht ein Extrem in ihrer totalen »Verurteilung«; die gesamte Menschheitsgeschichte, las ich neulich bei einem jungen Historiker, sei zunächst einmal zu verurteilen. Ein solcher Satz mag nur komisch erscheinen. Aber er verdient Nachdenken; nicht nur, weil er die äußerste Konsequenz jener Herrschsucht und mangelnden Sympathie darstellt; auch darum, weil er ein unabweisbares, obgleich nicht lösbares Problem ungeschickt berührt. Die Meinung, alles von Menschen Getane hätte von Anfang an bis zum heutigen Tag immer ganz anders getan werden müssen, ist sinnlos. Die entgegengesetzte Meinung, Hegels Meinung — »was wirklich ist, das ist vernünftig« — ist uns, ist jedenfalls dem Redner von heute unerträglich. Hegel über das praecolumbianische Amerika: »Von Amerika und seiner Kultur, namentlich in Mexiko und Peru, haben wir zwar Nachrichten, aber bloß die, daß dieselbe eine ganz natürliche war, die untergehen mußte, sobald der Geist (gemeint ist der europäische Geist) sich ihr näherte.« Nein, so geht es nicht, so leicht können wir die spanischen Greueltaten in Mexiko und Peru nicht abtun. Was aber dann? Ich meine: der Historiker, wenn er denn seinen eigenen Gefühlen Ausdruck geben und sie in sein Werk eingehen lassen will, darf, nachdem er dargestellt oder erklärt hat, beklagen; beklagen ist etwas anderes als verurteilen. Beklagen kann man auch ein Erdbeben; verurteilen nicht. Wenn Trauer zum Temperament eines Historikers gehört, das geschah früher manchmal, so ist es sein Recht, sie wirken zu lassen. Darf er auch verurteilen? Das Ganze, die Pharaonen, die Sklaverei der Antike, die Feudalgesellschaft des frühen Mittelalters sicherlich nicht. Einzelne

Schuld, ja; Schuld an Verbrechen, die dem Stand der Zivilisation, innerhalb derer sie stattfanden, nicht entsprachen, die jenen, die sie verübten, als Verbrechen hätten bewußt sein müssen, die oft nicht einmal für die Zwecke, denen sie dienen sollten, notwendig waren; Dresden und Hiroshima, Archipel GULag oder auch die Schuld jener falschen Konservativen, die Januar 1933 Adolf Hitler zur Macht verhalfen in einem Moment, in dem es keineswegs sicher war, daß er ohne diese Hilfe noch zur Macht kommen würde. Für Schuld und Verbrechen gäbe es Beispiele überreichlich. — Ich bilde mir nicht ein, mit diesen wenigen Sätzen das Problem gelöst zu haben; ich kann es gar nicht lösen. Ich stelle nur fest, daß hier ein Problem, unlösbar, aber bewußt gemacht und in der Schwebe gehalten, in die Arbeit des Historikers eingehen kann. Jedenfalls hängt Verurteilung in der Historie eng mit dem Begriff des Anachronismus zusammen, der seinerseits ein sinnvoller, aber kein gesicherter ist.

Noch einmal komme ich auf den Gegensatz Strukturanalyse — Ereignisgeschichte zurück. Unter Ereignissen mag man ehedem gemeint, auch gemeint haben, was ich als Kind in den Arkaden des Münchener Hofgartens auf Wandgemälden bewunderte: »Einsturz der Innbrücke bei Mühldorf mit den darüberfliehenden Böhmen«, »Herzog Ludwigs des Reichen Sieg bei Giengen« und so fort. Solche Ereignisse meinen wir längst nicht mehr. Daß aber auch und gerade unser Jahrhundert reich, nur zu reich an Ereignissen gewesen ist, Ereignissen, die auf unser kollektives, damit auch auf unser persönliches Schicksal eingewirkt haben, daß diese Ereignisse oder Ereigniskomplexe oder, wenn man die neuen Wörter liebt, Großphänomene erforschens- und darstellenswert sind — man muß doch willkürlich verblendet sein, um es zu leugnen. Daß Ereignisse vom Himmel fallen, behauptet niemand. Daß sie ausgebrütet werden von den Gesellschaften, Staaten, Staatengruppen, innerhalb derer oder zwischen denen sie stattfinden, bestreitet niemand. Das heißt nicht, daß Ereignisse oder Ereigniskomplexe stets vorauszusagen wären. Sie sind im Gegenteil nur höchst selten einigermaßen richtig vorausgesagt worden. Ich gebe nur ein Beispiel: den fürchterlichen Streit zwischen Israel und den arabischen Völkern. Wie wohlgemeint, wie idealistisch war die zionistische Bewegung, wie bewundernswert die Aufbauleistung des Staates Israel. Und welche weit über den Nahen Osten hinausgehenden bösartigen Folgen hat diese Staatsgründung schon gehabt. Wie ist hier aus Aktion und Reaktion und wieder Reaktion, aus der Ausnutzung des unlösbaren Knotens durch raumfremde Mächte das Unvorhersagbare geschehen. — Sollte es im einundzwanzigsten Jahrhundert noch Historiker geben, dann werden sie *unsere Geschichte* vielleicht wirklich nicht mehr als Geschichte von Ereignissen erforschen und schreiben. Aber nur darum, weil es zu viele sind, weil es zu schnell ging; weil den Forschern vor lauter einander jagenden und umstürzenden Ereignisse schwindlig werden wird.

Auch die historische Erzählung hat ihre Gefahren. Sie kann auslassen, was zu ihrer Anlage nicht paßt, glätten, beschönigen, über Fragen, die sie nicht lösen kann oder will, geschickt hinweggleiten. Die Vorzüge der historischen Erzählung sind diese: Sie stiftet Ordnung, darin dem Roman vergleichbar; aber Ordnung, die zum Gegenstand der Erzählung in einem zuverlässigen Verhältnis zu stehen hat. Während die Analyse vereinzelt, kann die Erzählung das ganze Getriebe, die Mächte, die Interessen, vom Wirtschaftlichen bis zum Religiösen, die Gruppen und die Individuen, die Begierden, Ängste, Fehlkalkulationen, Mißverständnisse, Verhexungen in ihrer Wirkung aufeinander zur Darstellung bringen. Sie sammelt nicht unter Begriffen, sie deduziert nicht aus Begriffen, sie beschreibt. Ein führender deutscher Wissenschaftstheoretiker, hier in München lehrend, hat den von Dilthey stammenden Gegensatz Erklären — Verstehen überzeugend aufgelöst. Dem füge ich hinzu: Nicht einmal zwischen Erklären und Beschreiben *muß* ein Gegensatz sein. Man kann erklären, indem man beschreibt, wie Eines aus dem Anderen kam, Eines auf das Andere, oder Vieles zusammen wirkte. Solche Erklärung durch Erzählung kann auf ein weiteres Publikum wirken; die Analyse dagegen ist für den

Spezialisten bestimmt. Ins Breite wirken, und zwar ohne sich selber untreu zu werden, sollte die Historie allerdings wollen.

Verpönt wird von der neuesten Historie ein Sonderfall der historischen Erzählung, die Biographie, weil sie undemokratisch sei. Sie läßt Männer die Geschichte machen auf Kosten der Allgemeinheit, sie verherrlicht das Individuum und zerstört schon den Ansatz rationalen Begreifens. Meine Antwort: Solche Biographien hat es gegeben, zum Beispiel die Bismarck-Biographien nationalliberaler Historiker, die, nebenbei bemerkt, Bismarck selber sich entschieden verbeten hätte. Einzelne Verirrungen widerlegen das Prinzip nicht. Ein Nachteil der allgemeinen oder universalen historischen Erzählung — »Geschichte des Unterganges der Antiken Welt«, »The Rise of American Civilisation«, »England under the Stuarts«, und so fort — ist der, daß sie eigentlich kein Zentrum hat. Die Biographie hat es, wobei der historischen Bedeutung dieses Zentrums, des Helden der Biographie, allein dadurch, daß er zum Helden erwählt wurde, in keiner Weise präjudiziert wird. Es kann ein Chefpolitiker in seinem Leben fast gar nichts entschieden, fast gar nichts Bleibendes erreicht haben — und dennoch ein Spiegel seiner Zeit sein, weil von allen Seiten wirkende Kräfte auf ihn eindrangen, die er vergebens zu kontrollieren, zu verbinden, zu neutralisieren suchte, so daß die Geschichte seines Lebens uns mit einem sehr weiten Umkreis, einem überaus komplizierten Spannungsfeld Bekanntschaft machen läßt. Will man solch ein Netz von Wirkungen und Gegenwirkungen »Dialektik« nennen, so habe ich übrigens nichts dagegen.

Ein Gleiches gilt für die Biographie des bedeutenden Forschers, gleichgültig auf welchem Gebiet, für die Dichter- oder Musiker-Biographie, nur ein wenig nuanciert. Wieviel europäische soziale, politische, geistige Bewegung konzentriert sich in den Biographien Heinrich Heines oder Richard Wagners, wieviel zwanzigstes Jahrhundert, Deutschland und Amerika, im Leben eines so schweigsamen, von Hause aus zum Frieden bestimmten Mannes wie Albert Einstein.

Schließlich: darüber muß ich mich wundern, daß unsere neuen Humanisten für das ausgenommene Ingenium, für menschlichen Durchschnitt überragende Anstrengung und Leistung und Leid so wenig Sympathie aufbringen. Soll vollendete Demokratie bedeuten, daß alle Menschen in allen wesentlichen Beziehungen gleich sind, daß sie es auch rückblickend immer gewesen sein müssen, daß überhaupt der einzelne Mensch uninteressant ist, und Historie sich auf Statistiken reduziert, Preis-, Lohn- und Bevölkerungskurven, Daten über Produktion und Konsum, über Arbeitsstunden, über Krankheiten und Lebensdauer und so fort, dann droht vollendete Demokratie in etwas umzuschlagen, was ursprünglich wohl nicht mit ihr gemeint war.

These: Die historische Erzählung, auch die Biographie, muß bleiben; sie wird auch bleiben oder wiederkommen.

Es gibt gute neue Historie in unseren Jahren. Es hat immer neue Historie gegeben und immer notwendiger Weise, zumal in modernen Zeiten, im achtzehnten, im neunzehnten Jahrhundert, und erst recht muß es sie heute geben. Zu ihr haben auch sogenannte neomarxistische Historiker, insoweit sie freie, undogmatische Geister sind, etwas beigetragen. Die Forderung nach interdisziplinärer Zusammenarbeit zwischen Historikern, Soziologen, Ökonomen, Psychologen, Rechtsgelehrten ist gut, und wir haben hier Anfänge von Verwirklichung. Wir haben Neues, das in aller Diskretion erscheint, nicht auf Adlerfittichen, sondern auf Taubenflügeln – für mich die überzeugendste Erscheinungsart von Neuem. An einer deutschen Universität gibt es eine »Abteilung Historische Verhaltensforschung«. Nicht, daß die Aufgaben dieses Institutes radikal neu wären; auch Thukydides, auch Tacitus haben das Verhalten von Menschen unter den und den Bedingungen beobachtet, es erschien ihnen beispielhaft, es hat sie stärkstens interessiert. Freilich aber waren sie große Einzelgänger und Liebhaber, gemessen an dem, was *team work* heute vermag. Es schrieb mir gerade der Leiter dieses Instituts: »Mit einer Gruppe von sechs Mitarbeitern wurde ein Buch abgeschlossen, das den Verhaltenswandel im

Zeichen der Frühindustrialisierung darstellen sollte und ihm vom französischen und deutschen Drama, von Verfassung, Wirtschaft, Sport und Tanz nahezukommen sucht.« Offenbar geht das Projekt über das, was ehedem von »Kulturgeschichten« geboten wurde, darin hinaus, daß es die verschiedensten Erscheinungen einander zuordnet und auf den Beginn der ehedem sogenannten Industriellen Revolution bezieht. Sehr gut. Warum nicht? Im Betrachten menschlichen Treibens mit mehr Phantasie, in der Verbreiterung und Vertiefung des Fragens liegt der Fortschritt historischer Wissenschaft. Einen prinzipiell anderen kann sie nicht machen; eine Wissenschaft, die zuverlässige, praktisch anwendbare Gesetze entdeckt, kann die Wissenschaft von den Menschen, nicht vom Menschen, niemals sein.

Unlängst las ich, und mit Genuß, ein Buch, genannt »Lebensformen im Mittelalter«, das im vorigen Jahr erschienen ist. »Lebensformen«: »Geschichtlich eingeübte soziale Verhaltensweisen«, die zugleich einschränken und schützen. Das Werk besteht aus authentischen mittelalterlichen Texten, so ausgewählt und vom Autor kommentiert, daß sie Lebensformen bildhaft machen; »Raum und Umwelt«, »Mensch und Gemeinschaft«, »Bauern und Bürger«, »Außenseiter und Exoten« und andere solche Titel, welche unerschöpfliche Wirklichkeit sachgemäß ordnen. Das Kapitel »Raum und Umwelt« enthält dann wieder Untertitel wie »Erdkreis«, »Raum«, »Bildungsreise«, »Pilgerfahrt«, »Verkehr«, »Klosterbau«, »Dorfplanung«, »Siedlung«, »Heimweh« und so fort. Von ferne mag das Buch an Burckhardts »Kultur der Renaissance« erinnern; gänzlich fehlt der Burckhardtsche Ästhetizismus. Wie Burckhardt steht der Autor jenseits des Gegensatzes Strukturanalyse — Ereignisgeschichte; gottlob geht in diesem ärgerlichen Gegensatz die Historie nicht auf. Auch zeigt er, was, *team work* in Ehren, ein einzelner Schriftsteller noch immer vermag, selbst wenn er es mit tausend Jahren zu tun hat. *These:* Neben organisierter Gruppenarbeit wird auch der ganz auf eigene Faust arbeitende Forscher und Schriftsteller seinen Platz behalten.

Die Jahre, während derer immer wieder umgewälzte wissenschaftliche und didaktische Theorie, kaum geboten schon wieder zurückgezogen, schon wieder revidiert und neu aufgelegt, die Praxis schier zu ersticken drohte, gehen nun zu Ende. Sie mögen notwendig gewesen sein; aber die Deutschen machen eben immer alles sehr gründlich, was sie machen. Die Sehnsucht, nun wieder zu den Sachen selbst zu kommen, wird sich durchsetzen. Theoriediskussion soll nie aufhören, aber sie wird sich beruhigen. Jedenfalls wünsche ich mir das; schon allein, damit nicht zum Schluß die Geschichts*lehrer* in einen geistigen Zustand geraten, in dem gar keine Theorie ihnen mehr helfen könnte.

Hans Maier

Kunst und Zeit

Bemerkungen zur aktuellen Kunstszene

I

Kunst und Zeit — das sei zunächst einmal verstanden als Gegenwartskunst und Gegenwart, mithin als Frage nach den besonderen Bedingungen, unter denen Kunst in unserer Zeit sich realisiert.

Welcher Art sind diese Bedingungen? Eine pauschale Antwort fällt schwer. Denn die Tatbestände, die zu untersuchen wären, sind verhäkelt und widersprüchlich: einerseits ein Überfluß an Zeit und Muße für Kunstproduktion und Kunstgenuß (wenigstens in der westlichen, weißen, reichen Welt), andererseits ein Manko an einsam-hervorstechenden Höchstleistungen; einerseits ein Massenangebot an Reproduktion des Vorbildlichen für Paläste und Hütten, durchaus nicht nur mit Benjaminischem bösem Blick zu messen, andererseits freilich auch die Tendenz zur Nivellierung. Zeitgewinn wird vielfach wieder durch Lebenstempo aufgezehrt. Originalität bis zum Skurrilen wird erst gefeiert und prämiert und hinterher unter das Gesetz der Serie gestellt, so daß nur noch die ganz Großen sich blaue und rosa Perioden leisten dürfen. Institutionelle Mäzenate, mehr und mehr dem Anonymen zustrebend, treten an die Stelle persönlicher Förderer, Liebhaber, Auftraggeber; rascher Umlauf und breite Beachtung der Kunstszene in den Zeitungsspalten und auf den Bildschirmen erzwingt eine dem Modegeschehen sich annähernde Rotation von Bilderlook und Music-shop. So wird man, bei aller Vorsicht vor Verallgemeinerungen, zunächst generell eine Beschleunigung bei Entstehung, Umlauf und Konsum des Kunstwerks registrieren müssen — damit einhergehend freilich auch eine höhere Quote ästhetischer Hinfälligkeit und Mortalität. Wie altmodisch-gemessen wirkt das Paris des 19. und noch des frühen 20. Jahrhunderts mit seinen Akademismen und Sezessionen, seinen Kunstperioden und Künstlergruppen, wie solide-handwerklich geben sich Brücke, Blauer Reiter und Bauhaus, verglichen mit der hektischen Betriebsamkeit von New York in den sechziger und siebziger Jahren unseres Jahrhunderts und mit den progressiven Kunstmärkten Europas in der gleichen Zeit!

Normen und Stile, ja traditionelle Begriffe von Kunst und Musik selbst gehen unter in einer überhitzten Folge von Kunstrichtungen, von denen eine die andere zu übertrumpfen sucht. Pop-Art, Op-Art, Land-Art, Konzept-Kunst, Prozeß-Kunst, Aktionskunst, Spurensicherung; Pop, Jazz und Tele-Musik wetteifern um Zuschauer, Mitspieler, Prozeßteilnehmer und Spektakel-Partner. Plakativ-provozierend taucht die Kunst ins Orgiastische, Obszöne, Totemistische hinab. Kunstdarbietungen werden zu Haruspex-Zeremonien und Eingeweideschauen. Schwarze Messen persiflieren rationalistisch ausgedörrte Liturgien; Schlachtungen, Opferrituale, vorläufig auf Tiere beschränkt, suchen archaische Dimensionen der Kunst zurückzugewinnen — so wie im Stampfrhythmus von Jazz und Pop, in Tontrauben und unartikulierten Schreien die Musik dem Klassisch-Gestalthaften zugunsten des Urtümlich-Dämonischen entsagt.

Sehen wir genauer hin, so ist es aber nicht nur Tempo, Rotation, Beschleunigung, was diese Kunst- und Musikübungen von ihren älteren Vorläufern unterscheidet. In der selbstverzehrenden Sequenz immer neuer Erscheinungen und Erfindungen ändert Kunst selbst ihre Form. Sie bleibt im fließenden Aggregatzustand des Prozeßhaften, Werdend-Vergehenden — ob bewußt oder aus außerkünstlerischen Notwendigkeiten, ist hier nicht zu untersuchen —; sie weigert sich also, in einem Werk, einem Organon, einem Ding zu gerinnen. Sie thematisiert nicht nur den Schaffensprozeß, der zu einer geprägten Form hinführt, das wäre nicht neu (Romane über Romane, Künstlertagebücher, Kunstwerke als Konfession und »Ausdruckswelt« hat es immer gegeben); sie erhebt den *Prozeß* ausdrücklich über das Werk — das im Notfall fehlen und durch *Prozesse* audiovisueller Kommunikation ersetzt werden kann. Und im Verlust der Verdinglichung zerrinnt auch die Norm: Kunst ist Leben, Leben ist Kunst, daher »können alle Kunst machen«, und sei es durch Spurensicherung in Fotoalben. Wie die Kunst der sechziger Jahre damit begann, Attribute des modernen Lebens, Zahnbürste, Rasierapparat und Taucherbrille, in die Bildwelt einzuholen — eine notwendige Eingemeindung! —, so endet die Kunst der siebziger Jahre damit, Realität für Kunst zu erklären. So wird die »Straße zum Massenmedium« (Peter Weiß), der menschliche Körper wird zur übermalten lebenden Skulptur, Botschaften des Herzens werden in gußeiserne Gullys eingesprochen, das Frankfurter experimenta-Theater spielt Goethes Iphigenie als »Aktion« im Beisein eines Schimmels auf der Bühne; und der Raumkünstler Rinke leitet einen Fluß durch ein Museum: Anklang an den Mythos vom Augiasstall — die Kunstobjekte müssen dem Leben weichen.

Spott wäre allzu einfach. Wie immer empfiehlt es sich, ein weiteres Mal genauer hinzusehen. Denn die — fast — anonymisierte Rotation der Kunst-Konzepte ist nicht nur die Reaktion auf den Auseinanderfall der Trias Auftraggeber-Künstler-Öffentlichkeit, nicht nur die fast unvermeidliche Antwort auf die nivellierende Wirkung eines Weltmarkts der Kunst und Kommunikation, der das Individuelle standardisiert und die Normbildung dem Einzelgeschmack entzieht; sie ist auch der konsequente Schlußpunkt einer Entwicklung, in der das Kunstwerk, als ein in Raum und Zeit Festgestelltes oder in festgelegter Form Ablaufendes, negiert wird und allenfalls als Fluchtpunkt zufälliger und nur partiell berechenbarer Prozeßverläufe weiterexistiert. In moderner Kunst, Musik und Dichtung regiert das Aleatorische. Der augenfälligste Beweis ist die Entwicklung — oder soll man eher sagen die Rückentwicklung? — der modernen Notenschrift. Man sehe etwa ein Werk wie Karlheinz Stockhausens »Stimmung« für sechs Vokalisten im »Formschema« an: hier ist die traditionelle Notation nahezu überflüssig, obwohl die Notenlinien noch dastehen; ausdrücklich vermerkt der Komponist zu den Notensystemen ohne Tonhöhe: »für Stimmen, die aus den übrigen Tonhöhen, die während des betreffenden Abschnitts zu hören sind, auswählen dürfen; gesungen werden darf dabei nur gelegentlich (viele Zwischenpausen) mit kleinen Abweichungen (melodisch: Glissandi, Schwebungen; rhythmisch; dynamisch; in der Vokal-Färbung).« Naturgemäß »kann man das konkrete Klangbild nicht in einer Partituranalyse ermitteln, sondern nur in der Höranalyse einer bestimmten Aufführung oder Aufnahme« (Rudolf Frisius) — auch hier also die Emanzipation vom festgelegten Ablauf und damit von der künstlerisch eindeutigen Gestalt.

Fazit: dem beschleunigten Tempo der Kunstproduktion und des Kunstkonsums entspricht der rasche Wechsel der Objekte; wo dieser zum Dauerzustand wird, gerät die Gestalt ins Schweben, sie wird beliebig. Das Gegenüber von Kunstobjekt und Betrachter löst sich auf; Kunst »tritt ins Leben über«, wird dadurch freilich ununterscheidbar von anderem Konsumgut. Endlich werden die Objekte ersetzt durch den Prozeß ihrer Herstellung oder die Weise ihrer Vermittlung in Kommunikationsvorgängen. Das existierende Ding, um einen Satz von Goethe umzukehren, »hat sein Dasein (nicht mehr) in sich, und so auch (nicht mehr) die Übereinstimmung, nach der es existiert«.

Noch einmal: es wäre leichtfertig, auf diese Vorgänge mit kulturkritischen Beschwörungen zu antworten. Zumindest wäre diese Antwort für sich allein zu wenig. Denn kann man von Kunst eine emphatische Distanz zu den Lebensvorgängen der Epoche fordern? Ist nicht der Zusammenhang von Kunst und Zeit, Kunst und Gegenwart legitimerweise so eng, daß es vergebliche Liebesmüh' wäre, von den Produkten einer motorischen Periode meditationsfördernde Gestaltqualitäten zu erwarten? Gehen wir nicht alle heute durch viele Häuser, Arbeitsplätze, Einrichtungen, Wohn-, Eß- und Schlafgelegenheiten ebenso selbstverständlich hindurch, wie umgekehrt sich unsere Vorfahren von diesen Dingen — Gefügen dunkler Dauer — überholen ließen? Früher menschliches Hand-Werk, das die kurze Lebensspanne einer Generation durch Dauer und Qualität in den Schatten stellte — heute das Leben selbst, das sich gegenüber den wechselnden Schauplätzen, Geräten, Umwelten des Menschen als das mit längerem Atem Dauernde erweist. Man sehe nur einmal das fast magische Ritual, die besonnene Umständlichkeit, die noch in Stifters »Mappe« einen Hausbau umgibt, und vergleiche damit die technischen Vorgänge und das Tempo bei der Entstehung eines Hauses in Systembauweise heute. Kaum vermag Kunst in solchen Zeit- und Produktionsbedingungen mehr zu sein als ein flüchtig aufleuchtendes und verlöschendes Lichtsignal.

Freilich, das Bild wäre nicht vollständig, würde man nicht auch die Gegenströmungen verzeichnen. Ermüdung greift in jüngster Zeit um sich angesichts der pausenlosen Rotation, der zum System gewordenen Selbstüberholung der Künste. Die Fieberkrisen der Erfindung hinterlassen Erschlaffung. Der abklingenden Stimmung des Dauerexperiments folgt die Sehnsucht nach dem Festen, Fixierbaren auf dem Fuß. Allenthalben Rückgriffe auf alte Substanz: Klassiker werden wieder entdeckt, Museen erleben erstaunliche Steigerungen der Besucherzahlen, Verlage, gestern noch »progressiv«, geben sich plötzlich pfleglich-traditionalistisch, Verfechter eines zur »sprachlichen Kommunikation« geschrumpften Deutschunterrichts finden zur neuesten Novität: der klassischen Literatur. Kurzum, es wird wieder nach Maßstäben gesucht und gefragt. Gleichzeitig blättern die künstlich aufgezäumten ästhetischen Ersatznormen — des »politischen Engagements«, der »Emanzipation« — lautlos ab. Es mag offenbleiben, ob sich hier eine Tendenzwende ankündigt oder ob es sich nur um eine der neuen Verpuppungen des Zeitgeistes handelt; in jedem Fall scheint der Futurismus einer planlos entwerfenden Kunstproduktion relativiert durch Rückbezüge zur Vergangenheit — womit die Gegenwartskunst sich erneut konfrontiert sieht mit dem verdrängten Problem der Gestalt.

Es wäre wohl nicht möglich gewesen, den Fragen der Altstadterhaltung und -sanierung, des Denkmalschutzes und der Denkmalpflege soviel öffentlichen Diskussionsraum zu verschaffen wie gegenwärtig, hätte nicht die Kunst der sechziger und siebziger Jahre die Analogien zur Produktions- und Konsumform der »Wegwerfgesellschaft« bis zum Zerreißen angespannt — damit aber zugleich ihre eigene ästhetische Grenze sichtbar gemacht. So kommen heute Dinge wieder in den Blick, die lange nur noch in Residuen gegenwärtig waren: Überlieferungen einer arbeitsintensiven, auf Dauer angelegten und in langer Zeit angereicherten Kunstwelt. Sie stellen die andere Facette unseres Themas *Kunst und Zeit* dar. Ihr wenden wir uns jetzt zu.

II

Ein Gedankenexperiment vorweg: Erwachte ein moderner Mönch von Heisterbach in einer unserer heutigen Städte, so hätte er Schwierigkeiten, sich seiner Umwelt in ähnlicher Weise zu versichern, wie dies noch bis zum Ersten Weltkrieg möglich war. Denn überall, ob in Tokyo oder Rangoon, San Francisco oder Frankfurt, stieße er auf einen Minimalstil geschichtsfreier Zweckmäßigkeit: Banken und Bars, (moderne) Kirchen und Verwaltungsgebäude oder Theater sähen fast gleich aus diesseits und jenseits politisch-geographischer Grenzen. Und nicht nur der Mönch wäre verwirrt. Auch der junge Mensch ist es, der heute zwischen einem in der Tendenz geschichtsfreien Heute und einer (scheinbar) nicht mehr heutigen Geschichte aufwächst: es kann ihm nicht entgehen, daß alte Kirchen, alte Häuser in einer Spannung zur modernen Arbeits- und Verkehrswelt stehen, daß ihre Existenz im gleichen Maß unverständlich und museal zu werden droht, in dem die Mobilität, Austauschbarkeit und Uniformität im täglichen Vollzug des Lebens zunimmt. Ein modernes Bank- oder Bürohaus verweist auf den ihm eigenen Funktionszusammenhang — ich bedarf, um es zu verstehen, volkswirtschaftlicher oder verwaltungstechnischer Grundkenntnisse, aber das Ganze erschließt sich ohne Einlassung in seine Vergangenheit. Anders, wenn ich in eine alte Kirche eintrete oder in einer Altstadt, einem alten Dorfkern mich umsehe; denn das hier Gebaute, baulich Überlieferte bleibt ohne sein ursprüngliches Leben, seine Geschichte unverständlich.

Der Europarat hat das Jahr 1975 zum Europäischen Denkmalschutzjahr ausgerufen. Die Initiative geht auf den Engländer Lord Duncan-Sandys zurück. Mit Recht hat man von Anfang an ein nur defensorisches Programm vermieden. »Revitalisierung« heißt die Devise. Der Vergangenheit soll eine Zukunft gesichert werden. Mit Recht, denn die bloße Erhaltung der übriggebliebenen Zeugnisse der Baukultur Europas genügt nicht. Man kann nicht erwarten, daß die Allgemeinheit mit der Vergangenheit leben will, wenn diese nichts ist als ein Museum oder ein Friedhof von ungeheuren Dimensionen. Die Bürger selbst müssen das Leben mit der Vergangenheit akzeptieren. Doch gerade hier beginnen die Schwierigkeiten. Denn das Interesse an der Erhaltung der Baudenkmäler steht häufig in Widerspruch mit Forderungen des Verkehrs und der Wirtschaft, mit Wünschen nach bequemem und zeitgerechtem Wohnen, mit der Phantasielosigkeit manches Architekten und der Bequemlichkeit mancher Verwaltungsstelle, mit Vorstellungen von einer optimalen Ausnutzung von Grundstücken und mit der Gleichgültigkeit eines erheblichen Teils der Bevölkerung.

Die Probleme, die bei der Restauration einzelner Gebäude entstehen, können heute als gelöst betrachtet werden. Es gibt jedoch keinerlei Rezepte, wie man brachliegende oder unterwertig oder falsch genutzte Bausubstanz sinnvoll in das gegenwärtige und zukünftige Leben einer Stadt integrieren kann. Manche Entwicklungen, die der Erhaltung der Denkmäler schaden, sind kaum zu beeinflussen. Wie etwa die Mannigfaltigkeit und Kleinmaßstäblichkeit unserer Altstädte durch eine Zeit gerettet werden soll, in der das handwerkliche Bauen von industriellen Bauweisen fast völlig verdrängt wurde und in der immer mehr kleine Geschäfts- und Handwerksbetriebe verschwinden, um großstrukturierten Geschäftszentren und Gewerbebetrieben Platz zu machen — das wird niemand schnell und sicher angeben können.

Unter diesen ungünstigen Vorzeichen müssen wir uns darüber im klaren sein, daß eine vollkommen *unveränderte* Erhaltung historischer Gebäude in der Regel nur da einen Sinn haben kann, wo Baudenkmäler noch etwa so genutzt werden wie im Zeitpunkt ihrer Errichtung — oder wo die ursprüngliche durch eine rein museale Nutzung ersetzt wurde. Es geht aber nicht an, daß über unsere Altstädte und Dorfkerne, deren Lebendigkeit noch vor wenigen Jahren so selbstverständlich war, daß niemand darüber ein Wort verlor, die Käseglocke des Musealen gestülpt wird, daß sie wie Ausstellungsstücke in einer Vitrine zur Schau gestellt werden. Wenn es gelingen soll, die ungeheure Masse schutzwürdiger Gebäude und Ensembles in Europa in unser Leben einzubeziehen, dann sollten und können wir nicht kleinlich bis zum letzten Stein alles so erhalten, wie es einmal war. Niemand kann heute unter den Bedingungen des achtzehnten und neunzehnten Jahrhunderts wohnen und arbeiten. Daß ein Ortskern oder ein Stadtviertel aus dieser Zeit von der Bevölkerung als Wohnquartier angenommen wird, daß es dort Arbeitsplätze gibt, das muß uns das Opfer mancher liebgewordenen Einzelheiten wert sein. Denn die mögliche Alternative steht drohend vor uns: völlige Beseitigung des Alten bis auf einige Traditionsinseln und Ersatz durch neue Gebäude und Stadtviertel, denen nach allen bisher gemachten Erfahrungen das individuelle Gesicht und die menschlichen Züge oft fehlen. Gewiß, einem Manipulieren mit der historischen Substanz sollte niemand das Wort reden. Es geht auch nicht um leichte Ausreden für diejenigen, die altes Gemäuer ohnehin als eine Last ansehen. Aber ohne Nutzung ist ein Baudenkmal verloren. Das ist auch einer der Grundgedanken der heutigen Denkmalschutz-Gesetzgebung. Wenn trotz aller Bemühungen ein Haus leersteht, solange man es nicht den Bedürfnissen der Gegenwart anpassen darf, dann kann man gegen eine Modernisierung eines solchen Hauses in der Regel nichts einwenden. Und auch eine Verbindung von neuer und alter Architektur ist nicht völlig ausgeschlossen, so gering die Zahl der guten Beispiele auch sein mag.

Zweifellos hat die Bereitschaft, mit Vergangenem zu leben, in den letzten Jahren in West- und Mitteleuropa zugenommen — vor allem im Zeichen von Umweltschutz und Denkmalpflege. Überraschend finden sich jahrelang ins Abseits des Folkloristischen gedrängte Berufe — des Heimatpflegers, Naturschützers, Denkmalpflegers, ja auch des Land- und Forstwirts — plötzlich an der Problemfront des Umweltschutzes in neuer avantgardistischer Rolle wieder, so wie in der Politik die klassischen Schutz- und Erhaltungsfunktionen (Innere Sicherheit, Landschaftserhaltung, Sozialstaat) gegenüber den dynamischen Funktionen (Wirtschaft, Verkehr, Bildungswesen, Wissenschaft) neue Bedeutung zurückgewonnen haben. Ältestes tritt freundlich als das zeitgebotene Neue in Erscheinung, und im Kampf um die gemütliche Eckkneipe gegen fensterstarrende Hochhäuser finden sich manchmal Altkonservative und Jungsozialisten an einem Strang zusammen — in heimlichem Wahlbündnis gegen industrielle Modernität und Prosperität. Hat man nicht eben noch nach mehr Studienplätzen gerufen? Heute warnt man — so eine große Tageszeitung — vor »krebsartigen Wucherungen der Universitäten im Stadtgebiet«. Haben nicht eben noch Architekten sich in der funktionellen Perfektion beim Entwurf von Schulen und Verwaltungsgebäuden überboten? Heute, nach entsprechender »Bewußtseinsveränderung«, führen sie Bürgeraktionen gegen derartige Baupläne an.

Man sollte, solches beobachtend und überdenkend, gleichwohl Verallgemeinerungen scheuen. Weder steht uns neuerlich, novalishaft, eine abendländische Erneuerung ins zeitgenössische Haus, auch nicht, trotz Solschenizyn, Maximow und Brodskij, in russischer Variante — noch ist die Uhr der Zweiten Aufklärung schon abgelaufen. Noch immer ist die Durchschnittshaltung des Durchschnittsbürgers gegenüber dem im Vergangenen herausfordernd versteckten *kalón* bestenfalls positive Verlegenheit oder mitleidiger Respekt. Wie könnte es anders sein? Daß die Gegenwart dort, wo sie Kunst erzeugt, zu zeitüberdauernden Objektivierungen selten vordringt, andererseits aber eine Vergangenheit, die überreich ist an gestalteter Schönheit, in Pflege nehmen muß, ohne sie maßstäblich werden zu lassen oder in neue Normen umsetzen zu können — das gehört zum Verwirrenden der augenblicklichen Kunstsituation. Die Kluft kann nicht überbrückt werden durch Forderungen nach einer außerästhetischen Normativität. »Mögen wir die griechischen Götterbilder noch so vortrefflich finden«, sagt Hegel, »... es hilft nichts, unser Knie beugen wir doch nicht mehr.« Und wenn wirkliche religiöse Kunst nur einen verschwindenden Ausschnitt aus der brodelnden Kunstszene der Gegenwart darstellt, so wird man die Lücke sicher nicht mit Derivaten von Kunst-Andacht, Kunst-Religion füllen können.

Lichtenberg gedenkt gelegentlich mit Melancholie der Zeit, »da die große Kunst, schlecht zu schreiben, noch nicht erfunden war, und bloß schreiben hieß gut schreiben«, während es heute in Deutschland mehr Schriftsteller gebe, »als alle vier Weltteile überhaupt zu ihrer Wohlfahrt nötig haben«. In gewissem Sinn ist das die Lage der modernen Kunst. Sie hat die Unschuld der Deckung von Kunst und Können, Kunst und Handwerk verloren. Ursache ist, nicht allein, doch ausschlaggebend, die Multiplizierung der Produkte, und das heißt: der industriellen oder Vervielfältigungsprozesse sowie der Produzierenden. Lichtenberg hatte aber auch schon einen Trost bereit: »Die schlechten Schriftsteller ahmen der Natur nach, sie folgen ihrem Triebe so gut wie die großen; und ich möchte nur wissen, was irgendein organisches Wesen mehr tun könne als seinem Triebe folgen? Ich sage: Sehet die Bäume an, wieviel werden von ihren Früchten reif? Nicht der fünfzigste Teil; die andern fallen unreif ab. Wenn nun die Bäume Makulatur drucken, wer will es den Menschen wehren, die doch besser sind als die Bäume?«

Kein Zweifel: überlieferte *und* gegenwärtige Kunst haben in der aktuellen Szene ihren Markt, ihr Publikum. Aber können sie beide zusammenkommen in einem gemeinsamen Begriff? Wie ist die Kluft zu überbrücken zwischen dem maßstablos Lebendigen, in

Empörung Ausbrechenden der Gegenwart und dem für viele nurmehr-Ästhetischen, Leblos-Maßstäblichen der Vergangenheit? Wir müssen, um dies zu klären, unser Thema *Kunst und Zeit* noch einmal systematischer aufnehmen — jetzt im Hinblick auf die Frage der Gestalt.

III

Alle Kunst verwirklicht sich im Medium der Zeit. Nicht nur den Zeitkünsten im engeren Sinn — Musik, Theater, Tanz —, auch den Raumkünsten Architektur, Plastik, Malerei und Zeichnung eignet ein »zeitversammelnder« Charakter (Hans Urs von Balthasar). In ihrem Ursprung sind sie Epiphanie, Erscheinung des Göttlichen. Sie fassen Zeit zusammen, verdichten Einzelerscheinungen zur »kontrakten« Form des Absoluten (Nicolaus von Kues), ohne doch die Bedingung ihrer Existenz, die Zeitlichkeit, aufzuheben. Sie vergegenwärtigen, was mehr ist als Gegenwart. Sie erinnern an Gewesenes und eröffnen Zukunft. So ist das Kunstwerk nicht nur bestimmt durch Umwelt und Gegenwart. Es greift darüber hinaus. Es erschöpft sich nicht in momentaner Wirkung, es verlöscht nicht mit der Aktualität, vielmehr ist es unendlich wiederkehrender Aktualisierung fähig — oft über Jahrhunderte hinweg.

Dies gilt in einem elementaren materiellen Sinn, an den zu erinnern heute besonderer Anlaß besteht. Kunstwerke sind Wertgegenstände. Ihr Wert wächst meist mit den Jahren. Das ist nicht selbstverständlich. Es setzt jenes simultane Welt-Kunstverständnis voraus, jene Einheit von Antike, Mittelalter und Gegenwart *sub specie artis*, wie sie Winckelmann und die Romantik begründet und bis heute fortgepflanzt haben. Hier lebt ein älterer, der industriellen Arbeitswelt entgegengesetzter Wertkanon fort: das Ältere wird, wie in Mittelalter und Altertum, höher geachtet als das Neue. Die Gegenwart, die nicht nur eine Flucht in die Sachwerte, sondern speziell auch eine Flucht in die Kunstwerte kennt, erweist die Gültigkeit dieser Maxime täglich neu.

Simultaneität, zeitübergreifender Anspruch des Kunstwerks zeigt sich aber vor allem in der Tatsache immer neuer, nie abzuschließender und zu erschöpfender Interpretierbarkeit — in einer Bedeutungsfülle also, die verschiedenen Zeiten verschiedene Ansichten bietet, bei grundlegender Konstanz der Gestalt. Gewiß sind diese Kriterien formal. Gleichwohl darf an sie erinnert werden. Denn erst dann, wenn der Käfig des »Zeit- und Gesellschaftsbezugs«, der politischen und moralischen Motivationen entriegelt wird, tritt jenes freie »Dasein in sich« (Goethe) hervor, das wir Kunst nennen.

Daß Kunst in Austausch tritt mit entfernten Zeitaltern und Gesellschaften als eine »Sprache für alle Nationen« (Jacob Burckhardt), und dies meist leichter und schneller als die von Sprach- und Gedankenbarrieren eingegrenzte Dichtung und Philosophie, verdankt sie ihrer *Gestalt.* Nur durch diese wird sie identifizierbar. Dabei ist Gestalthaftigkeit nicht Starre, nicht Gleichförmigkeit. Auch der Kunstbetrachter steigt nicht zweimal in denselben Fluß. Wir sehen ein antikes Porträt anders als die Menschen des zweiten Jahrhunderts oder als Menschen des Spätmittelalters oder der Aufklärung. Wir hören griechische Musik, jüdische Tempelgesänge, die ältesten rekonstruierbaren Formen des Gregorianischen Chorals mit anderen Ohren, bezogen auf andere Klangfelder und innere Notationen, als die Zeitgenossen. Selbstverständlich auch, daß die Wiedererweckung eines mittelalterlichen Tanzes oder eines Theaterstückes dem Aleatorischen, der Improvisation größeren Spielraum läßt als die Rekonstruktion eines dorischen Giebelfeldes. Aber selbst bei der ganz an Zeitabläufe gebundenen Musik bleibt bei aller agogischen und dynamischen Freiheit die Gestalthaftigkeit als Gesetz bestehen, wenigstens so lange, als die klangliche Realisierung an ein differenziertes, zur Wiedergabe jeder Nuance brauchbares Notensystem und an annähernd gleiche Klanginstrumente gebunden bleibt. Mit der Entgrenzung des festgelegten Ablaufs, der Entschränkung der Form werden auch die Instrumente ihrem Zweck entfremdet und der Beliebigkeit von Einfällen unterworfen; sie müssen sich Mißhandlungen mit Nägeln, Bürsten, Peitschen und Klammern gefallen lassen; mit der zerstörten Formkonstanz der Musik fällt auch die abgeleitete der Instrumente dahin.

Von hier aus wird begreiflich, weshalb die jüngste Moderne Not hat, sich über Kunst zu verständigen, weshalb die Kunstbegriffe sich bis zum Satyrhaften jagen. Wo Kunst nicht mehr nach einem *télos* in festgelegter Ordnung sich entfaltet, büßt sie notwendig Identität ein — und damit Überlieferungsfähigkeit. Sie wird undialogisch, monomanisch, barbarisch (im Sinn der Sprach-Unverständlichkeit). Man mag heute ein Fragezeichen machen hinter die Begeisterung, mit der das klassisch-romantische Zeitalter von Winckelmann bis Burckhardt in der Kunst die allgültigen, allverständlichen Bilder und eine zweite Schöpfung gesucht hat. Die Tatsache bleibt bestehen, daß ohne solchen Anspruch Kunst nur aktualistischer Zufall wäre. Die Flucht ins Gestaltlose und Unanschauliche mag Parallelen aufweisen im wissenschaftlichen Feld, doch kann Kunst der Unanschaulichkeit moderner Wissenschaft und Technik nur um den Preis der Selbstverneinung folgen.

Ohne eine noch so formale ästhetische Normativität, ohne einen Hauch von »Regeln« kann auch moderne Kunst nicht überleben. Mag sie, fernab klassischen Schönheitsidealen (falls es sie je gab), dem Grotesken, Häßlichen, Übersinnlichen und Überdimensionalen nachspüren; mag sie Leid, Enttäuschung, Entäußerung lieber spiegeln als bürgerliche oder proletarische Wohligkeit; mag sie sich pathetisch in Distanz setzen zu Überlieferungen des Schönen: ohne ein Minimum an Kohärenz, ohne ein Minimum an Autarkie gegenüber erklärender Nachhilfe oder moralisch-sozialer Motivation von außen kommt sie nicht aus. Wieder stoßen wir auf das Problem der Gestalt: wird sie nur von außen hergestellt, nachträglich, durch intellektualisierende Überformung, so trägt sie nicht weiter; das »Kunststück« bleibt vereinzelter Dressurakt, es wird nicht Kontinuum — nicht Kunst. Kunst, gehalten allein durch Interpretation, fällt mit dem Interpretament zusammen. Alle moralischen Herrlichkeiten intendierter Bewußtseinsänderung und Selbstbefreiung ändern daran nichts. Kierkegaards Don-Juan-Essai fügt Mozarts Musiktheater nichts Neues hinzu (außer eben der Kierkegaardschen Sicht auf Mozarts Bühne); und es versteht sich, daß Interpretationen, die geringeren Erfindungen zu Hilfe kommen wollen, erst recht nicht fähig sind, elementare Geburtsfehler im Künstlerischen zu kompensieren.

Am mißlichsten wirkt Gestaltlosigkeit dort, wo handwerkliche Regeln schlecht entbehrlich sind: in der Kunstpädagogik und im Kunststudium. Kein Wunder, daß sich dort die Ideologen mit ihren Standpunktprothesen besonders gerne tummeln — ein keineswegs harmloseres Völkchen als die fleißig skandierenden Schulmeister von ehedem, deren Produkten man anhörte, »daß der Verfasser lateinisch kann und schnupft«. Leicht werden handwerkliche Defizite mit verbalem Räsonnement, das als Arbeit gilt, gestopft. Wo der traditionelle *Gradus ad Parnassum* entfällt, weil man emanzipierten Schülern Figuren- und Aktzeichnen nicht mehr zumuten kann, wo in Prüfungsarbeiten serienweise Spezialitäten und Skurrilitäten der Arrivierten kopiert werden, so daß ganze Prüfungsklassen Streifen, Karos oder Schlangenlinien malen, Leinwände mit Schnürsenkeln durchziehen oder als Verpackungskünstler exzellieren, da fällt es wackeren Prüfungskommissionen schwer, solches Tun in die Logik einer Notenskala (selbst einer zeitgerecht »verbalisierten«) einzufangen. Gewiß sind Etüden keine Alternativen zur Kunst; aber sie durch Gesinnung und Nachahmung zu ersetzen ist erst recht kein Weg. Wie oft fragt man sich bei der Überreichung von Förderpreisen, ob der Ausgezeichnete wirklich der Kunst eine neue Seite abgewonnen oder nur listig eine freie Nische in einem Trick-Universum besetzt habe. Man mag solches *jus praedae* samt geldwertem Umsatz gelten lassen, solange es sich nicht mit emanzipatorischem Schellengeläute schmückt. Aber wenigstens die Kombination künstlerischer Armut mit pseudointellektuellem Befreiungsanspruch sollte von der Kritik entlarvt werden.

Nur noch gestreift sei zum Schluß der schwierige Zusammenhang von Kunst, Gestalt und politisch-sozialer Ordnung — schwierig deswegen, weil die modernen Demokratien nicht ohne weiteres in die geschichtsträchtige Rolle mäzenatischer Förderer der Kunst eintreten können und wollen. Zwar hat Kennedy in den sechziger Jahren gesagt, er sei stolz auf die zeitgenössischen amerikanischen Künstler; doch diese Äußerung blieb Episode — mit gutem Grund. Im allgemeinen zieht sich der moderne Staat in die Rolle dessen zurück, der *par distance* anregt, ermutigt, materiell fördert, vorhandene schöpferische Impulse entbindet — bis hin zur Anerkennung von Räumen, in denen sich diese Antriebe der Freiheit von jeglicher Reglementierung erfreuen dürfen. Eine Koppelung zwischen Förderung und politischem Wohlverhalten lehnt er zu Recht ab. Das bedeutet freilich nicht, daß es keine Grenze gäbe, jenseits derer staatliche Förderung nicht mehr zu verantworten wäre. Denn nur die Freiheit, nicht aber eine totale Förderung aller kulturellen Produktionen ist garantiert.

Ethisch-politische und ästhetische Ordnung waren in der abendländischen Geschichte lange eng verwoben — Alois Dempf hat in seinem Buch »Die unsichtbare Bilderwelt« darauf aufmerksam gemacht. Gottesbilder, Menschenbilder, Herrschaftssymbole, Ikonologien und Institutionen standen in einem unlösbaren Zusammenhang miteinander bis zum Anbruch der modernen Revolutionen, ja darüber hinaus. Erst der liberale Staat gibt die Kunst frei, ohne ihr noch Aufgaben zu stellen; er trennt finanzielles Mäzenat und künstlerische Direktive. Das bedeutet Freisetzung der Kunst in noch höherem Sinn als an den Fürstenhöfen Europas vom fünfzehnten bis zum neunzehnten Jahrhundert; es bedeutet freilich auch, daß der Staat, über die Freigabe hinaus, ein Verhältnis zum Freigegebenen nicht mehr eingeht. Eröffnet sich dadurch eine unbeschränkte Autonomie der Kunst, so droht andererseits auch, wie bei allen liberalen Freiheiten, die Gefahr von Gruppenmacht und Fremdbestimmung. Noch ist kein Zeitpunkt erkennbar, wo der Staat, wie heute bei manchen Freiheitsrechten, seinerseits als Protektor des kunsterzeugenden Individuums gegen gesellschaftliche

Kräfte auftreten muß. Doch könnte dieser Zeitpunkt dann nahe sein, wenn die Pluralität künstlerischer Richtungen unter den Druck ideologischer Uniformierungsbewegungen geriete. Ansätze hierzu gibt es genug.

Robert Spaemann

Emanzipation — ein Bildungsziel?

I

In den letzten fünf Jahren hat wohl kaum ein Bewerber um ein akademisches Lehramt im Fach Pädagogik einen Vortrag gehalten, in welchem er das Wort »Emanzipation« und »emanzipatorisch« nicht dann und wann eingeflochten hätte. Wer es nicht getan hat, muß wohl ein ungewöhnlich rückständiger oder aber ein ungewöhnlich unabhängiger Mensch gewesen sein. Ich meine nicht »lohnunabhängiger«, sondern einer, der trotz Lohnabhängigkeit ungewöhnlich selbständig zu denken fortfährt.

Das ist ein Paradox. Denn das Wort Emanzipation hatte einmal etwas mit Selbständigkeit zu tun. Inzwischen bedeutet es fast das Gegenteil. Das Wort hat einen Bedeutungswandel durchgemacht. Es bezeichnete ursprünglich den Akt der Entlassung des Sohnes aus der väterlichen Gewalt, also die rechtswirksame Mündigkeitserklärung. Seit einigen Jahren ist jedoch das Wort »emanzipatorisch« an diejenige Stelle getreten, die dem Wort »gut« vorbehalten ist. Und das ist noch keinem Wort gut bekommen, weder dem Wort »rechtgläubig« noch den Wörtern »gesund«, »patriotisch«, »altruistisch«, »deutsch«, »wissenschaftlich« oder irgendeinem anderen. Durch das Aufrücken an den Platz des Wortes »gut« werden Wörter tabuiert und weiteren Fragen entzogen. Denn man kann ja nicht sinnvoll fragen, ob das Gute gut ist. Aber das Wort »gut« rächt sich an jenen Wörtern, die es von seinem privilegierten Platz verdrängen wollen. Wem Gesundheit nicht bloß meistens gut, sondern das Gute schlechthin ist, der muß wohl krank sein. Wem Patriotismus nicht nur etwas sehr Wichtiges sondern das Höchste ist, der kann nichts tun, um sein Vaterland besser zu machen. Er richtet also wohl eher sein Vaterland zugrunde und macht, daß man nach ihm von Patriotismus lange Zeit nichts mehr hören will. Wem »wissenschaftlich« gleichbedeutend mit »gut« ist, der ist — wie vor einiger Zeit ein grausiger Test gezeigt hat — bereit, im Dienste der Wissenschaft und auf Anweisung von Wissenschaftlern Folterexperimente zu machen und die Schreie der Opfer zu überhören. Mit der Emanzipation ist es nicht anders. Sagt man, daß etwas, eine Handlung, eine Einrichtung, eine Veröffentlichung, emanziptorisch sei, so soll das heißen, daß es sich um etwas Gutes handelt, was immer sonst die Folgen sein mögen. Und da die Menschen stets auf die Meinung zurückkommen, Bildung und Erziehung sollten das Gute befördern, heißt das nun: Bildung solle emanzipatorisch sein. Die Folgen sind schon da. Gegenüber der Emanzipationsideologie müssen wir die Mündigkeit der Bürger verteidigen. Der ideologisch überforderte Emanzipationsbegriff ist zweideutig geworden. Einst als Befreiung aus vormundschaftlicher Gewalt gemeint, dient er zur Legitimation neuer Arten von Herrschaft, nämlich derjenigen, der es gelingt, sich als emanzipatorisch zu deklarieren.

Nun sind es freilich nicht die Wörter, die einen Kampf der Götter über den Köpfen der Menschen führen. Hinter dem Streit um Wörter steckt ein Streit um Sachen. Andererseits gibt es die menschlichen Sachen nicht ohne die Wörter, in denen sie sich ausdrücken. Deshalb muß man den Streit um Wörter ernst nehmen. Emanzipation ist ursprünglich ein Rechtsbegriff. Analog zur Entlassung des Sohnes aus der väterlichen und des Sklaven aus der herrschaftlichen Gewalt bezeichnet das Wort später jeden Akt, durch welchen der Betroffene den Rechtsstatus der Mündigkeit erwirbt. Mündigkeit aber wird hier ebenfalls als ein Rechtsbegriff verstanden. Sie meint die Befugnis, seine eigenen Interesssen selbst wahrzunehmen, verbindliche Rechtsgeschäfte abzuschließen, seine Bürgerrechte im Rahmen einer geltenden Rechtsordnung Gleicher unter Gleichen wahrzunehmen. In diesem Sinne ist von Judenemanzipation, Frauenemanzipation, Katholikenemanzipation oder von der Emanzipation der ehemaligen Kolonialvölker die Rede. In diesem Sinne kann von Emanzipation immer dort gesprochen werden, wo Menschen hinsichtlich der Organisation der Rahmenbedingungen ihres Handelns von fremder Vormundschaft befreit werden und die rechtliche und tatsächliche Möglichkeit erhalten, an dieser Organisation mitzuwirken. Solche Emanzipationen sind auch in unserer Gesellschaft nicht bereits sämtlich als erledigt abzuhaken, und sie werden es wohl nie sein. Wenigstens in einer freien Gesellschaft werden sich stets von neuem Ungleichgewichte einstellen, die von den Betroffenen als ungerecht empfunden werden. Man bleibt im Rahmen eines vernünftigen Sprachgebrauchs, wenn man den Kampf gegen solche Diskriminierungen »emanzipatorisch« nennt.

Wichtig ist dabei dies: Der klassische Emanzipationsbegriff bezeichnet einen Vorgang, der einen Anfang und ein Ende hat. Das Ende heißt Mündigkeit. Emanzipation ist kein Lebensideal, sondern das eigentliche Leben fängt überhaupt erst mit der erreichten Emanzipation an.

Wenn ich im folgenden von der Emanzipationsideologie spreche, dann meine ich die Verwandlung des Emanzipationsbegriffs, durch welche dieser Begriff nicht mehr die Erlangung eines Status meint, sondern ein Ideal, das einem unendlichen Prozeß vorschwebt. Es fällt übrigens auf, daß im Rahmen des ideologischen Jargons das Wort »emanzipatorisch« ständig, das Wort »emanzipiert« fast nie vorkommt. Schon das Lexikon von Ersch und Gruber aus dem Jahre 1840 verwendete den Begriff so, wenn es davon sprach, daß das ganze Leben des Menschen ein Emanzipationsprozeß sei, nämlich als Kampf gegen die Naturabhängigkeit, als Kampf um die Unabhängigkeit in einer vollkommen gerechten bürgerlichen Verfassung und als Kampf des Menschen mit sich selbst, »um sich aus der Dienstbarkeit der Sinnlichkeit und Selbstsucht sowie des blinden Mechanismus der Gewohnheit und Autoritätsglaubens zu befreien«. Diese geschichtsphilosophische und psychologisch verinnerlichte Erweiterung des Emanzipations- und Mündigkeitsbegriffs läßt den Unterschied zwischen Mündigkeit und Unmündigkeit verschwinden. Die Begriffe zielen nun auf eine Eigenschaft, die man in größerem oder kleinerem Maße haben kann, nicht auf eine eindeutig auszumachende Relation. Sie werden der Sphäre des Rechts, der Sphäre ausgleichender oder verteilender Gerechtigkeit entzogen. Aber — und hier beginnt das Problem — sie wirken in die Sphäre des Rechts zurück. Die Emanzipationsideologie dient nicht dazu, den Kreis der Mündigen zu erweitern, sondern den Kreis derer, die vorerst als unmündig erklärt werden. Der Mündigkeitsbegriff, der hier im Spiel ist, ist nämlich ein pädagogischer. Er meint nicht einen Rechtsstatus, sondern bestimmte Eigenschaften des Menschen, die ihn zur Erlangung dieses Status disponieren, weil sie erwarten lassen, daß er von den Möglichkeiten, die dieser gewährt, einen richtigen Gebrauch mache. Es handelt sich ungefähr um das, was man früher sittliche Reife nannte. Mündigkeit im rechtlichen Sinne dagegen bezeichnet gerade jenen Status, in welchem niemand mehr die Verantwortung dafür hat, wie der Mündige den Freiheitsraum, der ihm rechtlich zusteht, ausfüllt; weshalb auch niemand mehr befugt ist, die mir zustehende Freiheit nach Maßgabe des Gebrauchs, den ich von ihr mache, zu beschränken, sofern dieser Gebrauch nur nicht gegen die allgemein geltenden Gesetze verstößt.

Es ist sehr wichtig, an diesem liberalen und formal rechtsstaatlichen Begriff der Mündigkeit festzuhalten, der von den Emanzipationsideologen im allgemeinen mit Verachtung behandelt wird. Der sozialpsychologische Emanzipationsbegriff kehrt sich gegen den politisch rechtlichen und unterhöhlt ihn. Die Rechtsgemeinschaft einander in ihrer geschichtlich-natürlichen Identität anerkennender Subjekte verwandelt sich in einen kollektiven Lernprozeß, in dem niemand mündig ist, sondern jeder des anderen Pädagoge, Psychotherapeut und Vormund im Namen des gemeinsamen Ideals der Mündigkeit und Emanzipation. Wenn vor einiger Zeit Alexander Mitscherlich sagte, »niemand von uns ist bisher mündig«, so stimmt das in einer gewissen Hinsicht und in einer anderen nicht. Vor allem irritiert dabei das Wort »bisher«. Es suggeriert die Vorstellung, wir befänden uns auf dem Wege zu größerer Mündigkeit. Das stimmt jedoch nicht. Mit fortschreitender Spezialisierung des Wissens werden immer weniger Menschen mündig in dem Sinne, daß sich ein Einzelner »auf der Höhe der Zeit« befände. Jeder von uns ist nur auf einem sehr schmalen Gebiet mündig, also fähig, kompetent mitzureden. In diesem Sinne sind die Menschen in archaischen Gesellschaften weit mündiger als wir. Um so wichtiger ist es für die Zukunft der Freiheit in der modernen Zivilisation, daß wir keine Verwechslung der Mündigkeitsbegriffe aufkommen lassen, daß wir Mündigkeit im rechtlichen Sinne nicht an jenen Zustand als Bedingung knüpfen, der im Rahmen der Emanzipationsideologie Mündigkeit heißt.

Die bürgerlichen Emanzipationsideologen des neunzehnten Jahrhunderts haben die Ausweitung des Emanzipationsbegriffs für einen gradlinigen, unproblematischen Vorgang gehalten. Daß hier in Wirklichkeit eine Umkehrung des Begriffs stattfindet, wurde erst Bruno Bauer und Karl Marx klar bewußt. Aufschlußreich ist deren Stellung zur Judenemanzipation. Judenemanzipation bedeutet bis dahin die rechtliche Gleichstellung der Juden als Bürger. Dieser politische Emanzipationsbegriff wird als unzureichend kritisiert: der politischen Emanzipation muß die menschliche folgen. Die staatsbürgerliche Gleichheit beseitigt nicht *eo ipso* — wie Marx am Beispiel Amerikas zeigt — die geschichtlichen, zum Beispiel religiösen Differenzierungen, in denen die Humanität mit ihrer Grenze zugleich ihre konkrete Gestalt gewinnt. »Menschliche Emanzipation«, das bedeutet für Marx: Abstreifen dieser Differenzen, abstreifen aller geschichtlichen Überformungen des Menschen als eines natürlichen Bedürfnissubjektes. Und so kann denn Marx, den Sinn der Judenemanzipation ins Gegenteil verkehrend, schreiben: »Judenemanzipation ist in ihrer letzten Bedeutung die Befreiung der Menschheit vom Judentum.« Hier ist Emanzipation nicht mehr die Gleichberechtigung einer bis dahin unterprivilegierten Gruppe in ihrer geschichtlichen Identität, sondern die Preisgabe dieser Identität zugunsten einer neuen, der des Menschen als eines natürlichen Gattungswesens.

Marx hat die Idee der gegenseitigen Anerkennung und Freilassung der Menschen in ihrer füreinander nicht völlig transparenten geschichtlichen Identität selbst noch als geschichtlich vermittelte Idee begriffen, nämlich als christliche, und als solche hat er sie überwinden wollen. Es ist die liberale Idee der »politischen Demokratie«. Marx schreibt: »Christlich ist die politische Demokratie, indem in ihr der Mensch nicht nur ein Mensch, sondern jeder Mensch als souveränes, als höchstes Wesen gilt. Aber der Mensch in seiner unkultivierten, unsozialen Erscheinung, der Mensch in seiner zufälligen Existenz, der Mensch wie er geht und steht, der Mensch wie er durch die ganze Organisation unserer Gesellschaft verdorben, sich selbst verloren und veräußert unter die Herrschaft unmenschlicher Verhältnisse und Elemente gegeben ist, mit einem Wort: der Mensch, der noch kein wirkliches Gattungswesen ist.«

Hier haben wir *in nuce* das ganze Programm der Emanzipationsideologie: der Mensch, wie er geht und steht, ist nicht mündig. Sein Votum verdient nicht gezählt zu werden. Woran erkennt man den Grad der Mündigkeit? Daran, wieweit einer seine geschichtlichen Bedingtheiten abstreift, wieweit er das Gegenteil von dem tut, was man ihm beigebracht hat. Es ist wichtig, das klar zu sehen. Indem sie die formellen Rechte mündiger Erwachsener mit politpädagogischen Argumenten einschränken, berühren sich die Emanzipationsideologen mit den reaktionären Gruppen in aller Welt. Deren ständiges Argument ist es ja, die Gruppe, die ihre Freiheit fordere, sei für diese noch nicht reif. Wie oft habe ich dies zum Beispiel in Brasilien hören müssen. Nur das Kriterium der Reife ist ein anderes. Für die Reaktionäre ist es die Bereitschaft der bisher Beherrschten, an den Lebensumständen und insbesondere an den Besitz- und Produktionsverhältnissen auch nach der rechtlichen Gleichstellung nichts Wesentliches zu ändern. Für die Emanzipationsideologen ist das Kriterium das Entgegengesetzte: Nur der Wille gilt als frei und zu respektieren, der seine

Lebensbedingungen zu ändern wünscht. Das Argument sieht dann ungefähr so aus: »Ist es etwa als Wille zu bezeichnen, daß jemand nur immer von neuem das wiederholen will, was man ihm einmal beigebracht hat? Kann man einen leerlaufenden Wiederholungswillen als Willen bezeichnen? Kann man einen vorgewollten Willen als Willen bezeichnen? Oder ist es nicht so, daß nur jener Impuls als Wille bezeichnet werden kann, der jedes Mal etwas anderes will?« (Peter Handke, »Prosa, Gedichte«, 1969, S. 348).

Die zitierten Zeilen sollten, zu der Zeit, als sie geschrieben wurden, eine rechtliche Privilegierung derer begründen, die Veränderungen wollen. Ihnen sollten ungesetzliche Handlungen erlaubt sein, die anderen nicht erlaubt sind. Bloßes Bleiben im Gewohnten soll als »Nichtwille« Unterprivilegierung zur Folge haben. Wie wenig selbstverständlich das ist, wird uns deutlich, wenn wir uns erinnern, daß der älteste europäische Freiheitsbegriff, wie er uns etwa in der Antigone des Sophokles entgegentritt, meint: auf gewohnte Weise leben dürfen. Der Tyrann ist der, der einen daran hindert. Nun: Wir können zu diesem Freiheitsbegriff nicht zurück. Wir haben gelernt, gute und schlechte Gewohnheiten zu unterscheiden. Aber diese Unterscheidung wird hinfällig, wenn Gewohnheit als solche schlecht ist.

Nichts zeigt mehr als diese These, daß Freiheit hier zum bloßen Ideal herabgesunken ist. An die Möglichkeit ihrer politischen Realisierung wird so wenig geglaubt, daß vielmehr der Gedanke einer zur Gewohnheit gewordenen Freiheitsordnung, also freiheitlicher Institutionen, diesem emanzipatorischen Freiheitsbegriff unmittelbar widerspricht. Freiheit wäre folglich nur antiinstitutionell denkbar. Freiheit kann nur heißen: Befreiung. Der Mensch »wie er geht und steht« ist immer unfrei, er steht unter vielfältigen geschichtlichen, sozialen und persönlichen Bedingtheiten. Er muß umkonditioniert werden, um als Freiheitssubjekt Realität zu gewinnen. Die Umkonditionierung geschieht entweder durch eine technokratische Elite, die davon ausgeht, daß der Mensch ohnehin nie frei ist, oder durch eine emanzipatorische, die davon ausgeht, daß er es noch nicht ist. Abgesehen davon, daß in diesem Streit die theoretisch besseren Argumente zweifellos auf der Seite der Technokraten sind, unterscheiden sich beide in der Praxis nicht wesentlich. Denn der Zeitpunkt, in dem die Emanzipation vollendet, die Mündigkeit aller erreicht ist, kann — wie gezeigt — der Definition der Mündigkeit nach ohnehin nicht eintreten. Das Ideal wäre nämlich erst erreicht mit totaler Transparenz aller für alle. Es wäre erst erreicht, wenn die personale Identität aufgelöst, der Prozeß der Ichfindung unter der Führung des Über-Ich rückgängig gemacht, die Partialtriebe freigesetzt wären, kurz: wenn das Subjekt der Mündigkeit verschwunden wäre. Es wäre der Zeitpunkt, in dem alle Menschen die natürlichen und geschichtlichen Bedingtheiten ihrer Existenz in der Reflexion eingeholt und aufgehoben hätten. Dieser Zeitpunkt wird nicht eintreten. Das heißt aber: die Herrschaft der Emanzipatoren ist auf Dauer angelegt. Was aber heißt dann »Emanzipation«?

II

Der Ort, an dem diese Herrschaft sich zu etablieren droht, ist die Schule. Hier soll der neue Mensch gemacht werden. Daß sie zur Mündigkeit führen soll, das hat man immer gesagt. Und man hatte darunter verstanden, daß der junge Mensch Kompetenz erwerben solle, um mitreden zu können. Berufliche Kompetenz, bürgerliche Kompetenz, kommunikative Kompetenz und sittliche Kompetenz. Dahrendorfs Parole vom Bürgerrecht auf Bildung lag der Gedanke zugrunde, daß eine Demokratie ein erhöhtes Maß an politischer Kompetenz aller voraussetze. Emanzipatorisch in einem klassischen, nicht ideologischen Sinn ist daher jede Bemühung, den Zugang zu den Einrichtungen zu egalisieren, in welchen Kompetenzen erworben werden. Zwar war es eine Verengung der Perspektive, wenn man zunächst einfach das Heil in einem größeren Zustrom zum Gymnasium suchte. Angesichts der Überfüllung der Universitäten und der Arbeitslosigkeit zahlreicher Akademiker wird es immer wichtiger, das Augenmerk auf die anderen, insbesondere auf die berufsbildenden Schulen zu richten, um sie besser zur Vermittlung jener Kompetenzen zu qualifizieren.

All dies sind Bemühungen, die den Namen emanzipatorisch in einem authentischen Sinne verdienen. Wo aber heute mit Emphase das Wort Emanzipation gebraucht wird, ist im allgemeinen nicht von solchen Bemühungen die Rede. Da geht es nicht um den verbesserten Zugang zur Schule und nicht um verbesserte, das heißt: ihren Aufgaben gewachsene Schulen, sondern da geht es um eine spezifische Änderung der zu vermittelnden Bildungs- und Lehrinhalte. Nun ist es gar keine Frage, daß eine solche Änderung erforderlich ist. Seit dem Ende des humanistischen Gymnasiums in seiner strengen Form ist die Auswahl der Lehrinhalte nicht mehr von einer einheitlichen Bildungsidee getragen gewesen, sondern hat sich mehr oder weniger naturwüchsig vollzogen. Die Reflexionen über das Wesen von Bildung im Rahmen der geisteswissenschaftlichen Pädagogik blieben dabei mehr oder weniger folgenlos. Sie waren — um mit Wittgenstein zu reden — ein Rad an der Maschine, bei dessen Drehung sich nichts mitdreht. Es gehört nicht zur Maschine, und so hat man es kurzerhand abmontiert. Die neuen Curricula nun sollen aus Zielvorstellungen deduziert werden, aus Lern- beziehungsweise Bildungszielen. Solche Ziele sollen Rationalität in den Lehrplan und Erfolgskontrolle in die Methoden bringen. Die Frage nach Bildungszielen stellte sich also erneut, aber man war nicht gerüstet, sie zu beantworten. Durch die plötzliche behavioristische Welle — man hoffte, Computer würden schließlich die besseren Lehrer sein — war ein ideologisches Vakuum entstanden. So viel war aus der deutschen Bildungstradition noch in Erinnerung, daß man den jungen Menschen nicht einfach fürs Funktionieren im Bestehenden zurichten wollte. Er sollte für sich selbst gebildet werden. Nicht zum Bürger, wie Rousseau sagt, sondern zum Menschen. Aber was sollte das inhaltlich heißen? Hier kam die Emanzipationsideologie wie gerufen. Sie ermöglichte es, aus der Not des Fehlens einer Bildungsidee eine Tugend zu machen.

Nicht fürs Bestehende soll der junge Mensch zugerichtet werden. Was sonst? Nun, eben gegen das Bestehende. Zum Menschen soll er erzogen werden. Was heißt das? Nun, eben zum Antibürger, so lange, bis eine Gesellschaft da ist, die des Menschen würdig ist und in der Menschsein und Bürgersein eins geworden sind. Noch nie war »gesellschaftliche Relevanz« so ausschließlich der Maßstab für die Auswahl von Lehrinhalten wie für jene Pädagogen, die nur »Menschen«, keine Bürger erziehen wollen.

Die totalitäre Einheit von Menschsein und Bürgersein war ja der rousseauistische Traum von Marx. Nun hatte Marx ein klares Bewußtsein davon, daß die Bürgerliche Gesellschaft selbst eine emanzipatorische ist, eine Gesellschaft raschen Wandels, die ständig ihre eigene Basis revolutioniert, ihre eigenen Gewohnheiten aufhebt. Marx schildert das in einer eigentümlichen Mischung von Trauer und Schadenfreude. Das Bürgertum hat »den Familienverhältnissen ihren rührend-sentimentalen Schleier abgerissen«, es hat »die persönliche Würde im Tauschwert aufgelöst«, es hat »den Arzt, den Juristen, den Pfaffen, den Poeten, den Mann der Wissenschaft in bezahlte Lohnarbeiter verwandelt«. Das Unbehagen an der gegenwärtigen Zivilisation ist genau von dieser Art. Der Wandel hat eine Geschwindigkeit angenommen, die ihn unmenschlich werden läßt. Es gibt nämlich ein humanes Maß für das Tempo von Veränderung, und das hängt mit der menschlichen Lebensdauer zusammen. Gewohnheit, so sagte ich schon, ist ein Element der Freiheit. Wenn die Rahmenbedingungen des Lebens sich so schnell ändern, daß ein junger Mensch keine längerfristigen Pläne mehr machen kann, und daß ein Mensch von fünfzig Jahren das Gefühl hat, eigentlich nicht mehr mitreden zu können, dann verdüstert sich die Zukunftsperspektive der jungen Menschen, und die Lebensqualität vermindert sich. Das Gefühl der Fremdbestimmung wächst. Die Emanzipationsideologie ist Ausdruck eines Unbehagens, das sich selbst nicht begreift. Die geheime Sehnsucht geht auf eine Gesellschaft, in der es mehr Geborgenheit gibt, mehr, woran man sich dauerhaft halten kann, mehr erfüllte Gegenwart. Es ist nun die für Marx so typische Wendung, daß er das Heil aus einer Radikalisierung des Unheils erhofft. *Corruptio optimi pessima* hieß es einst. Die Marxsche Abwandlung lautet: *perfectio pessimi optima.* Marx und die Emanzipationsgläubigen sehen das Gute nicht als einen Zustand, der in jeder Epoche von Vernunft, Phantasie und Gewissen dem Trend abgerungen werden muß, sondern als universales Endziel, als Ende eines extrapolierten Trends. Und so kann seine Antwort auf die entmenschlichten Folgen der bürgerlichen Emanzipation nur lauten: mehr Emanzipation, die letzte, die totale Emanzipation.

Natürlich war Marx nicht so naiv, dies ausgerechnet von der Pädagogik zu erwarten. Im Gegenteil: es gehörte zur Tradition der Arbeiterbewegung, und gerade auch der marxistischen, Bildung in erster Linie als Kompetenzerwerb zu verstehen. »Fackel und Schulbuch erleuchten jedes Land. Lerne Student! Lehre Student!« So heißt es noch heute im kommunistischen Weltstudentenlied. Die Arbeiterbildungsbewegung verstand sich als legitimen Erben der klassischen europäischen Bildungstradition. Trotz ihrer materialistischen Philosophie hielt sie noch an einem klassischen Subjektbegriff fest, für den gilt: »Was ich weiß, weiß ich«, »Was ich kann, kann ich«. Das Wort Bacons »Wissen ist Macht« spielt in der Tradition der Arbeiterbewegung eine zentrale Rolle. Die neomarxistischen Emanzipatoren dagegen werden zum Opfer ihrer eigenen Entfremdungsideologie. Viele Studenten verstehen sich heute selbst schon so sehr als bloße Sachen, als künftige Objekte auf dem Arbeitsmarkt, daß ihnen ihr Wissenserwerb als Leistung für die späteren Arbeitgeber erscheint. Wenn der Gießener AStA offen die Neuimmatrikulierten auffordert, so wenig wie möglich zu lernen, das heißt: für ihren künftigen Arbeitgeber so wenig wie möglich zu investieren und statt dessen im Kollektiv zu »saufen, zu diskutieren, zu bumsen und Häuser zu besetzen«, so hat eine solche Aufforderung nicht nur mit der Tradition der Arbeiterbewegung nichts zu tun, sie ist schlicht unsittlich, weil sie junge Menschen um das betrügt, was auf jeden Fall ihnen gehören wird, ob sie nun Revolution machen oder nicht, ob sie sich im Dienst ihrer Mitbürger engagieren, ihr Leben teuer zu verkaufen oder es bloß zu genießen versuchen: in jedem Fall ist Kompetenz — etwas von etwas verstehen — eine Steigerung des Menschseins. Schon auf dem Arbeitsmarkt trete ich ja nicht nur als Ware, sondern auch als deren Verkäufer auf. Was ich weiß und kann, qualifiziert nicht nur die Sache, die ich anbiete, sondern zugleich mich als den Anbieter.

Nun kommen all diese Erscheinungen nicht von ungefähr. Hinter ihnen verbirgt sich eine tiefgreifende Krise des autonomen Subjekts. Hermann Krings hat in einer kleinen Schrift, »Neues Lernen«, auf den Zusammenhang dieser Krise mit der Krise des Lernens hingewiesen. Das Bewußtsein erfährt sich selbst als Resultat sozialer Interaktionsprozesse, die es erst hervorbringen. Lernen gewinnt so einen neuen Stellenwert. Es bezeichnet nicht nur aneignende Aktivitäten des bewußten Subjekts, sondern zunächst jene Prozesse, in denen die Identität eines bewußten Subjekts sich erst bildet. Sicher ist, daß dabei Gesichtspunkte der Kreativität eine ganz andere Rolle als bisher spielen müssen.

Die Emanzipationspädagogik aber ist nicht an der Weckung der Kreativität Gesunder orientiert; ihr Modell ist die Psychoanalyse Kranker. Nicht sehen will sie lehren, sondern durchschauen, nicht fragen, sondern »hinterfragen«, nicht wissen, sondern besserwissen. Naives Hingegebensein an eine Sache, Begeisterung, die Bedingung jeder Kreativität, ist von vornherein verdächtig. Als sei die Selbstverdinglichung des Menschen zum Programm erhoben. Die unvermeidliche Manipulation wird so sehr vorausgesetzt, daß Erziehung offenbar nur als Gegenmanipulation begriffen werden kann. Das Wort Freiheit kommt denn auch in dieser Ideologie entweder gar nicht vor, oder es wird unter Ideologieverdacht gestellt. Im Grunde geht es wieder zu wie in der ganz alten Erziehung, die nichts riskieren wollte, vor allem nicht, daß der junge Mensch unter Selbstbestimmung am Ende etwas anderes versteht als seine Erzieher.

Ich fasse meine Kritik an der Idee von Emanzipation als einem möglichen Bildungsziel in sechs Punkten zusammen.

1. Die Emanzipationspädagogik versteht sich als Schule des Verdachts. An die Stelle primärer Werterfahrungen tritt die Erfahrung des Mißbrauchs, an die Stelle der Kenntnis eines Gehaltes die Kenntnis seiner Entstehungsbedingungen, an die Stelle der adäquaten Auffassung einer geschichtlichen Lebensform die leere, abstrakte und triviale Einsicht in ihre Veränderbarkeit. Hat man einmal darüber nachgedacht, daß wir es bei Straffälligen vor Gericht als mildernden Umstand geltend machen, daß sie in ihrer Jugend nur Erfahrungen von Mißbräuchen gemacht haben? Wir wissen auch, daß die sogenannten sekundären Tugenden wie Fleiß, Wahrhaftigkeit, Disziplin, Bescheidenheit, Treue jedem Mißbrauch ausgesetzt sind und jedem unterdrückerischen und bösartigen System höchst willkommen sind. Das heißt aber nicht, daß irgendeine Form des guten Lebens ohne diese Eigenschaften möglich wäre. Die Abschaffung des Mißbrauchbaren statt der Bekämpfung des Mißbrauchs zu propagieren — darauf läuft die Praxis der Emanzipationsideologie weitgehend hinaus. Man kann im Deutschunterricht die Darstellung eines Streikverlaufs in einer Zeitung analysieren unter dem Aspekt der parteilich verzerrten Darstellung. Aber wo dieser Zugang der primäre Zugang zur Sprache ist, da kann das Resultat doch wohl nur sein: Gelogen wird immer. Es kommt nur darauf an, für die richtige Seite zu lügen. Was die richtige Seite ist, sagt der Lehrer. Oder: ich lese in einem Buch über emanzipatorische Unterrichtsmodelle den Vorschlag, den Musikunterricht in drei Stufen zu gliedern. Pflichtfach: die gesellschaftliche Funktion der Musik. Wahlfach: Musiktheorie. Arbeitsgemeinschaft: Musikmachen. Wissen, was Musik ist, Freude an ihr haben können, musikalisch sensibilisiert werden — das ist hier weniger wichtig als die gesellschaftlichen Entstehungsbedingungen von Beethovens Streichquartetten zu kennen. Eine solche Schule ist eine Schule der Freudlosigkeit. Sie erweitert nicht die Welterfahrung, sondern übt in die Kammerdienerperspektive ein. Ehe man weiß, wer Schiller war, erfährt man, daß er ein Mensch war wie du und ich und mit Obrigkeiten Ärger hatte. Ehe man

weiß, was etwas ist, erfährt man, daß es anders sein müßte. Da man aber das nicht durch adäquate Erfahrungen an den Sachen selbst überprüfen kann, muß man es dem Lehrer glauben. Die emanzipatorische Pädagogik ist in einem schlechten Sinne autoritär.

2. Um Verbesserungen von anderen Veränderungen, zum Beispiel von Verschlechterungen, unterscheiden zu können, muß man Kompetenz besitzen: man muß sich in den Regeln einer Sache auskennen. Das Fußballspiel verbessern kann nur jemand, der etwas vom Fußballspiel versteht. Eine musikalische Sprache erweitern kann nur der, der die jeweils geltende beherrscht. Ein neues Operationsverfahren würden wir nur von einem Chirurgen ausprobieren lassen, der das alte beherrscht. Die Bedingung jeden Fortschritts ist die Aneignung tradierter Standards, verbunden mit der Bildung kreativer Phantasie und kommunikativer Kompetenz, das heißt: der Fähigkeit, uns über das, was ist und was sein könnte, untereinander zu verständigen. Erwerb von Kompetenz ist das, was Schule in erster Linie leisten kann.

3. Die Emanzipationspädagogik plädiert für die Beseitigung derjenigen Lehrinhalte, die nicht allen in gleicher Weise zugänglich sind. Hier wird der Gedanke der Chancengleichheit ad absurdum geführt und nach dem Prinzip verfahren, das ungleich verteilte Brot abzuschaffen, statt für gerechtere Verteilung zu sorgen. Nichts soll sein, was nicht für alle ist. Hier hat, so ist zu hoffen, erstmals das Buch von Christopher Jencks eine Bresche geschlagen. Indem Jencks zeigte, daß die späteren Einkommenschancen viel weniger als bisher angenommen mit den schulischen Bedingungen korrelieren, hat er die Möglichkeit eröffnet, Schule nicht mehr als Instrument der Egalisierung zu mißbrauchen. Wer größere Einkommensgleichheit will, der soll sie direkt ansteuern. Es gibt Gründe, dies zu tun. Daß höhere Schulbildung zu höherem Einkommen berechtige — dieses Vorurteil sollte auch bei uns fallen. Ganze Philosophien über die Notwendigkeit von langen Ausbildungsgängen für bestimmte Berufe würden sich in Nichts auflösen, wenn die Eingangsvoraussetzungen zu bestimmten Gehaltsgruppen im öffent-

lichen Dienst nicht mehr an Studienjahren orientiert würden. Die Schule sollte nicht der Egalisierung dienen, sondern jede Verschiedenheit und Differenzierung außer der des Anteils am Bruttosozialprodukt fördern. Je mehr wir die Schule von der Aufgabe der Verteilung von Sozialchancen entlasten, um so mehr können wir sie ihrer eigenen Aufgabe zurückgeben.

4. Der Gesichtspunkt der Emanzipation als Bildungsziel läßt die Vielfalt der Gehalte, die das Leben mit Sinn erfüllen, verdampfen in einer Reflexion, die diese Gehalte stets auf die gesellschaftlichen Rahmenbedingungen zurückbezieht. Diese Reflexion bedient sich eines einfachen Tricks. Es ist nämlich klar, daß jede Handlung im Rahmen eines gegebenen normativen Systems interpretiert werden kann als eine Handlung, die das System reproduziert und stabilisiert. »Was sind das für Zeiten«, schrieb Brecht während der Nazizeit, »wo ein Gespräch über Bäume fast ein Verbrechen ist, weil es ein Schweigen über so viele Untaten einschließt«. Fast ein Verbrechen, hatte Brecht gesagt. In einer Welt, in der, seit sie besteht, stündlich Unrecht geschieht, ist es nicht möglich, alles, was wir tun, zu definieren durch das, was wir in der Zeit an Bekämpfung dieses Unrechts *nicht* tun. Der Gedanke einer Totalverantwortung für den weltweiten sozialen Kontext, in dem wir uns bewegen, ein Gedanke, in dem sich oft junge Radikale und Kanzelprediger einig sind, ist schlicht eine anthropologische Überforderung. Diese aber führt zu moralischer Gleichgültigkeit. Verantwortung gibt es nur als partielle Verantwortung. Gerade diese aber ist den Emanzipationsideologen zuwider. Partielle Hilfe, konkrete Verbesserung ist als Systemstabilisierung verdächtig. Das aber heißt: die Emanzipationsideologen schreiben den Bezugsrahmen vor, in dem wir uns als Handelnde verstehen dürfen; und sie definieren jeden konkreten Gehalt unserer Zivilisation durch die latente gesellschaftliche Funktion der Systemstabilisierung. Wir begehen sozusagen unausgesetzt Unterlassungssünden. Es gibt nur zwei Weisen, darauf zu reagieren: entweder ein Leben als Revolutionär zu führen, oder in stumpfen Überdruß zu verfallen. Aber dies ist eine abstrakte

Alternative. Ein humanes Leben erfüllt sich in konkreten Interessen. Die Emanzipationsideologie lehrt, Interessen zu vertreten, Glückansprüche zu verteidigen und durchzusetzen. Sie lehrt nicht, Interessen zu *haben*, außer jenen, die uns wie dem Neandertaler angeboren sind. Damit verfehlt sie die eigentliche Aufgabe der Erziehung.

5. Die Emanzipationspädagogik bildet Individuen mit schwacher Identität, denn sie verwehrt, was das Recht des Kindes ist: Identifikationsmöglichkeit. Sie verweigert dem Kind den zunächst fraglos zu übernehmenden partikularen geschichtlichen Raum für seine Persönlichkeitsentfaltung. (Daß auch sie das Kind eine Muttersprache lehren muß, statt einer universalen Gattungssprache, ist ihr ein unvermeidliches Übel.) Es sei denn, man biete dem Kind gleich, wie es die radikalen Linken tun, ein revolutionäres Politkollektiv als Identifikationsobjekt an. Das tun die Emanzipationspädagogen nicht. Sie wecken nur die Sehnsucht danach und die Bereitschaft, in einem solchen Kollektiv den Ersatz einer fehlenden Identität zu finden. Interessenweckung heißt Anleitung zur Sublimierung. Das antifreudsche Programm der Triebemanzipation führt zu einer Unterentwicklung des Ichs, zur Entpersönlichung. Die Proklamation des Gießener AStA ist die Probe aufs Exempel der Schulrichtlinien des dortigen Bundeslandes.

6. Die Emanzipationspädagogik will das Glück bewirken. Aber es gehört zu den unbestrittenen Einsichten Max Schelers — man hätte sie auch schon von Aristoteles und Hegel lernen können —, daß Glück nur vermittelt über Sachverhalte, nicht aber direkt intendierbar ist. Natürlich soll der Erzieher das Glück der Kinder im Auge haben. Aber das heißt nicht, daß er »Glücksansprüche« lehren soll. Im Gegenteil: Eine Pädagogik, die lehrt, weg von den Sachen, aufs Glück zu blicken, betrügt ums Glück, sie macht neurotisch. Natürlich, das ist nicht die Absicht. Was ist die Absicht? Durch die Schule des Verdachts gegangen, muß es uns auch erlaubt sein, die Frage *cui bono* an die Emanzipationspädagogik zu richten. Wem nützt sie? Die Antwort liegt auf der Hand: sie ist eine massive

Herrschaftsideologie der Pädagogen, und deshalb wird sie auch von unserer offiziellen Interessenvertretung, der GEW, ausdrücklich verfochten. Die Herrschaft des guten Erziehers ist gerichtet auf ihren eigenen Abbau. Der Erzieher steht zwischen Sache und Zögling. Er macht diesem gegenüber den Anspruch eines Gehaltes geltend, den er vermittelt; den Anspruch, adäquat aufgefaßt zu werden. Und er vermittelt ihn so, daß der junge Mensch über die Sache zu sich selbst kommen kann. Das ist leicht gesagt und schwer getan. Aber anders ist es nicht. Das Resultat der Auseinandersetzung des Schülers mit der Sache hat der Lehrer nicht mehr in der Hand, und er soll es nicht mehr in der Hand haben wollen. Der Schüler muß sich emanzipieren, nämlich vom Lehrer. Diesen Zusammenhang stülpt die Emanzipationspädagogik um. Der Schüler soll sich von allem emanzipieren, nur nicht vom Lehrer. Der Lehrer soll nicht zurücktreten, sondern er soll den notwendigen Emanzipationsprozeß überlisten, indem er sich erst so klein macht, daß nichts da ist, wovon man sich emanzipieren könnte, und daß er am Ende wie der Swinegel zum Hasen sagt: Ich bin schon da. Er hatte ja nicht Wissen und Können tradiert und der Jugend zu treuen Händen, zur Bewahrung, Veränderung und Verbesserung übergeben. Er hatte ein Verbesserungsprogramm gelehrt. Emanzipation war Inhalt seiner Lehre. Von dieser Lehre soll man sich nun nicht mehr emanzipieren können. Aber man kann. Das naturwüchsige Emanzipationsstreben jeder Generation wird auch die neue dazu führen, gegen das, was man sie lehrte, mißtrauisch zu sein. Und was man sie lehrte war: Emanzipation. Schon heute sagen sie mit Brecht: »Es geht auch anders, doch so geht es auch«, und werden konservativ. Ob das immer gut ist, ist die Frage. Zu vieles liegt bei uns im argen, als daß wir es uns leisten könnten, die Dinge zu lassen, wie sie sind. Aber man kann es jungen Menschen nicht verdenken, wenn sie sich von Lehrern abwenden, die statt der Dinge, die man von ihnen lernen möchte, den Überdruß an diesen Dingen lehren. Nostalgie ist die notwendige Folge der Emanzipationsideologie und gleich unfruchtbar. Kritik hat nur Sinn als »bestimmte Negation«, die aus einer kräftigen Anschauung einer gegebenen Struktur hervorgeht. Wo Schauspielschüler jahrelang damit traktiert werden, daß das Theater, das sie später erwartet, Scheiße ist, da werden sie nicht etwa das Theater verbessern, sondern nur das Alte mit Widerwillen, also schlechter machen. Wo Kritik an der Kirche der primäre Zugang zur Religion ist, statt aus einer tieferen Einsicht in deren Wesen, nämlich das Gebet, hervorzugehen, da kann sie das Übel, das sie bekämpft, den Klerikalismus, nur noch schlimmer reproduzieren.

Ich sagte, daß die Emanzipationsideologie aus der Verlegenheit bei der Suche nach einem Bildungsideal geholfen hat. Wenn Emanzipation kein mögliches Bildungsziel ist, taucht die Verlegenheit wieder auf. Vielleicht könnte hier ein kleines Buch abhelfen, mit dem vor fast fünfzig Jahren Theodor Litt in einen heftigen pädagogischen Streit in Deutschland eingriff, es heißt »Führen oder wachsen lassen?«. Damals waren es eher die Emanzipationstheoretiker, die fürs Wachsenlassen plädierten; fürs Führen waren die, die überhaupt viel von Führen hielten. Sie glaubten, alle Erziehung müsse sich an einem Bildungsziel orientieren. Litt zeigte damals, daß die Alternative falsch ist. Bildung in der modernen Welt, so erklärte er, bedürfe keines Bildungszieles. Es sei vielmehr eine Anmaßung des Pädagogen, das Ziel der Erziehung, die Individualität des jungen Menschen und die Orientierung seines Handelns vorprogrammieren zu wollen. Aber auch um bloßes Wachsenlassen dessen, was von selbst wächst, könne es nicht gehen. Aufgabe des Erziehers sei vielmehr, einerseits auf die Erfordernisse der modernen Arbeitswelt vorzubereiten, andererseits die Gehalte unserer wissenschaftlichen, künstlerischen, politischen und religiösen Tradition in ihrer eigenen Struktur und in ihrem eigenen Anspruch so zur Geltung zu bringen und den jungen Menschen so an sie heranzuführen, daß sie ihre bildende Kraft entfalten können. Ein Bildungsideal würde diese bildende Kraft nur mindern. Es würde die Gehalte einer äußerlichen Absicht und den Schüler der Fremdbestimmung unterwerfen.

Litt wandte sich ausdrücklich gegen jeden ideologischen Machtanspruch des Erziehers, der sich des Resultats vergewissern will. Man kann die Erreichung von Lernzielen, den Erwerb bestimmter Kompetenzen kontrollieren, nicht aber »Bildungsziele« einer Erfolgskontrolle unterwerfen, die allemal zu spät käme. Natürlich muß damit der Gedanke preisgegeben werden, man könne ein Curriculum sozusagen deduktiv aus einem einheitlichen Bildungsziel ableiten. Das Gespräch darüber, welche Auswahl an Inhalten den Lehrplan unserer Schulen bestimmen sollte — ein Gespräch, das noch in den Anfängen steht —, sollte nicht zurückfallen in den Versuch, Bildungsideale entwerfen zu wollen. Die Emanzipationspädagogik ist ein solcher Rückfall. Gegen die Argumente des Buches von Litt ist eigentlich nie etwas Ernsthaftes vorgebracht worden. Die technologische Pädagogikwelle der sechziger Jahre hat es einfach in Vergessenheit geraten lassen. Und nun, wo es wieder von der größten Aktualität ist, sollte man es aus der Versenkung holen, denn der Fortschritt hängt wesentlich davon ab, daß wir nicht einfach vergessen, was man schon einmal wußte.

RALF DAHRENDORF

Zukunft der Freiheit

Der eine oder andere von Ihnen mag sich gefragt haben, unter welchen Voraussetzungen ich hier vor Ihnen heute erscheine. Falsch können diese Voraussetzungen ja nicht sein, denn ich bin, wie Sie gesehen haben, ein Mitglied des vorbereitenden Kreises für die Veranstaltung. Zugleich ist es eine Tatsache, daß ich nicht nur zu diesem Zeitpunkt von draußen aus Großbritannien zu Ihnen komme, sondern es ist auch eine Tatsache, daß ich als Linker zu Ihnen komme, denn ich bin Liberaler, und ich bin nicht bereit, dieses Wort an die Rechten zu verschenken. Ich komme dennoch her, weil ich der Meinung bin, daß unter allen Dingen, die heute Bedeutung haben, die rationale Diskussion das Wichtigste ist. Ich komme her, weil ich zutiefst davon überzeugt bin, daß diejenigen unter uns, die einen Platz offenhalten wollen für die Verständigung zwischen den verschiedenen Gruppen unserer Gesellschaft eine Verantwortung haben, wie sie größer kaum gedacht werden kann, eine Verantwortung, die selten so groß war wie heute.

Lassen Sie mich dort beginnen, wo die Diskussion heute früh ihren Abschluß gefunden hat, mit dem Wort, das diesem Kongreß sein Gepräge gibt, dem Wort der Tendenzwende. Das Wort Tendenzwende scheint mir zugleich berechtigt und irreführend zu sein, und ich meine auch, daß man diesem Wort einen Gedanken hinzufügen muß über die Dinge, die durch alle Tendenzen hindurch ihre Bedeutung behalten. Sie haben zu tun mit der Freiheit. Das Wort Tendenzwende ist irreführend, wenn irgend jemand die Hoffnung haben sollte, daß es eine Möglichkeit gibt, eine sinnvolle Möglichkeit gibt, Entwicklungen, wie sie sich in diesen Jahren und Jahrzehnten abgespielt haben, umzukehren. Und ich möchte gleich zu Beginn meiner Bemerkungen mit aller Eindeutigkeit für mich sagen: Eine solche Umkehr führt entweder zur Irrelevanz oder zur falschen Konfrontation. Sie führt zur Irrelevanz, wenn man die Hoffnung haben sollte, daß es möglich ist, eine sich verändernde Gegenwart zu erinnern an Werte, die sie verlassen hat; daß es möglich ist, diese Gegenwart zurückzuführen zu diesen Werten. Es gibt solche Versuche, aber alle Erfahrung dieser Jahre lehrt, daß solche Versuche kaum angehört werden, geschweige denn einen Einfluß haben auf die Realität. Solche Versuche müssen im Gegenteil dazu führen, daß diejenigen, die sie machen, sich selbst absondern von den Entwicklungen, die sie doch beeinflussen wollen. Die Versuche führen zur falschen Konfrontation, wenn sie mit den Begriffen von gestern die Realitäten von heute aufzulockern versuchen. Ich bin nicht der Meinung, daß eine Rückkehr zu einem gewissen Maß an Arbeitslosigkeit ein Instrument der Stabilitätspolitik sein kann, und schon gar nicht der Meinung, daß in dem Augenblick, in dem eine gewisse Arbeitslosigkeit wieder entsteht, Menschen wieder anfangen zu arbeiten, die Arbeit ernst zu nehmen oder dergleichen. Ich halte das präzis für jenen Weg zurück, der mit berechenbarer Notwendigkeit dazu führen muß, daß man Auseinandersetzungen schafft, die niemandem helfen, die niemandem nützen und die ganz sicher nicht dazu führen, daß die Freiheit morgen größer wird. Tendenzwende kann also nicht heißen, daß es einen Rückweg gäbe zu Institutionen, zu Wertvorstellungen, zu Lebensformen, wie sie vor drei, vier, fünf Jahrzehnten gang und gäbe waren. In dieser Hinsicht halte ich den Begriff für irreführend.

Zugleich halte ich aber den Begriff für berechtigt, wenn man ihn in einem Sinne verwendet, in dem er hier heute auch verwendet worden ist. Ich habe mir sagen lassen, daß es mindestens einen Lebensbereich gibt, in dem das Wort Wende gebraucht wird für die Tätigkeiten, die nicht notwendig Umkehr bedeuten, das ist das Segeln, bei dem man gegen den Wind kreuzen kann und dabei ganz sicher hin und wieder eine Wende vornehmen muß und nach wie vor gegen den Wind kreuzt und damit vorankommt.

Mir scheint, der Kern dessen, was sich heute unter unseren Augen abspielt, und dessen, was sich nach meiner Meinung abspielen sollte, ist nicht Umkehr, ist nicht Rückkehr, sondern ist Themenwechsel. Mir scheint, der Kern der Fortschritte, die heute möglich sind und die möglich sind im Interesse der menschlichen Freiheit, liegt darin, daß es neue Chancen gibt, nachdem die alten — und ich möchte das gerne etwas im einzelnen noch erläutern — nachdem die alten Chancen erstarrt sind und ihre Möglichkeiten erschöpft haben. Und ich würde sagen, daß, wer immer nachdenkt über die Tendenzen, die die nächsten zehn, fünfzehn, zwanzig Jahre bestimmen, es nicht unterlassen kann, darüber nachzudenken, daß wir in einer neuen sozial-ökonomischen Großwetterlage aufs neue versuchen müssen, gewisse grundsätzliche Wertvorstellungen, die nach meiner Überzeugung allerdings nicht einem solchen Themenwechsel unterliegen, auf neue Weise zu realisieren. Ich habe versprochen, daß ich etwas sagen möchte über die Zukunft der Freiheit. Wenn ich Freiheit sage, verstehe ich darunter zwei Dinge, einfach, wichtig, durchgängig von Bedeutung. Ich verstehe darunter erstens, daß der einzige Maßstab, den ich an die Entwicklung von Gesellschaften anlegen möchte, die Lebenschancen von einzelnen Menschen sind. Der Einzelne und seine Chancen sind das, was zählt, wenn man versucht, gesellschaftliche Dinge zu prägen. Diese Chancen werden zu verschiedenen Zeiten selbst verschieden interpretiert, und darüber gleich ein Wort. Aber sie bleiben Chancen des Einzelnen und nur auf diese Weise Chancen der Freiheit.

Und das zweite ist, daß es unter allen Umständen mir richtig zu sein scheint, davon auszugehen, daß niemand von uns gültige Antworten auf alle Fragen geben kann; daß jede Antwort dem Verdacht unterliegt, sie könnte auch falsch sein; und daß wir daher jeden Grund haben, dafür zu sorgen, daß niemand in die Lage versetzt wird, seine eigene Antwort zum Dogma zu erheben; daß wir allen Grund haben, dafür zu sorgen, daß unsere Institutionen so bleiben, daß verschiedene, unterschiedliche, auch gegensätzliche Antworten auf die Fragen der Zeit möglich bleiben. Freiheit ist eine Frage der Lebenschancen des Einzelnen und eine Frage der Offenheit der politischen Ordnung.

Was ich nun tun möchte, meine sehr verehrten Damen und Herren, in der Begründung dessen, was damit als These schon angekündigt ist, ist der Versuch, an einem Beispiel, allerdings einem großen und wichtigen Beispiel, nämlich dem der staatsbürgerlichen Rechte, deutlich zu machen, wie gewisse Tendenzen — um dieses Wort aufzunehmen — der letzten Jahrzehnte dazu geführt haben, daß an sich richtige Tendenzen, an sich richtige Zielsetzungen auch im Lichte der Freiheit, sich festgelaufen haben, verfestigt worden sind und daß nunmehr die Notwendigkeit besteht, durch eine Veränderung der Thematik neue Möglichkeiten der Freiheit zu erkunden. Das Beispiel ist das der Bürgerrechte im umfassendsten und besten Sinn dieses Begriffes, die Entwicklung der Möglichkeit also, daß alle Menschen in unseren Gesellschaften die Chance haben, am Leben dieser Gesellschaften, an ihren Lebenschancen teilzuhaben. Ich gliedere das Beispiel in drei Elemente auf. Die ersten beiden sind Erläuterungen dessen, was ich mit der Zukunft der Freiheit meine, das dritte ist ein Hinweis auf die Möglichkeit, wirksam zu werden, praktisch etwas zu tun, um diese Zukunft der Freiheit zu sichern.

Staatsbürgerliche Rechte sind in einem Aspekt Möglichkeiten, bestimmte gesellschaftliche Positionen zu erreichen, sind in einem Aspekt Chancen auf Teilnahme an dem, was eine Gesellschaft anzubieten hat an Entwicklungen für den Einzelnen. Die Geschichte der letzten zweihundert Jahre läßt sich mühelos beschreiben als eine Entwicklung der Ausbreitung solcher staatsbürgerlicher Gleichheitsrechte. Die Geschichte ist oft erzählt worden, ich brauche sie nicht zu wiederholen. Ich spiele nur an auf die Tatsache, daß Marx natürlich recht hatte, als er sich mokierte über die angebliche Gleichheit im Arbeitsvertrag zwischen dem einzelnen nicht organisierten Arbeitnehmer und dem einzelnen Unternehmer. Die rein juristischen Gleichheitsrechte mußten ergänzt werden um weitere Rechte auf gleiche Teilnahme. Sie mußten ergänzt werden um eine Vielfalt von sozialen und politischen Chancen, die zum Kern der staatsbürgerlichen Teilnahme gehören. Das ist ein Teil des Prozesses, den wir in seinem Ursprung liberalen, in seinen wesentlichen Zügen sozialen, oft sozialistischen Bewegungen verdanken.

Es ist dies ein Prozeß, dessen Grenzen zunächst schwer zu bestimmen sind, dessen Begrenztheit wir aber heute erleben. Und dieses Grenzerlebnis gehört zu jener Themenveränderung, die ich an Stelle der Tendenzwende gerne sehen würde.

Es ist hier eine Schrift von mir zitiert worden, die vor zehn Jahren erschienen ist unter dem Titel »Bildung ist Bürgerrecht«. Meine These war seinerzeit, daß wir uns im klaren sein müssen über die Motive für Bildungspolitik. Und ich war damals der Meinung und bin es noch heute, daß weder der Zusammenbruch eines alten Bildungssystems (ob er nun stattfindet, stattgefunden hat oder nicht) noch irgendwelche Idealvorstellungen, die gleichsam beliebig entwickelt werden, noch insbesondere eine in jedem Fall zweifelhafte Vorstellung vom wirtschaftlichen Nutzen einer gesteigerten höheren Ausbildung bestimmend sein können für das, was wir in der Bildungspolitik tun. Bestimmend, so habe ich damals gesagt, muß vielmehr die Vorstellung sein, daß jeder Mensch als Staatsbürger ein Recht darauf hat, seine Anlagen, seine Möglichkeiten voll zu entwickeln. Ich habe von dem, was ich seinerzeit geschrieben habe, kein Wort zurückzunehmen. Zugleich hatte das, was ich seinerzeit geschrieben habe, eine Voraussetzung, die heute keineswegs unbestritten ist. Es hatte nämlich die Voraussetzung, daß das Bürgerrecht auf Bildung Chancen gibt, um zwischen grundsätzlich ungleichen Möglichkeiten eine Wahl zu treffen. Es hatte die Voraussetzung, daß es möglich ist, davon zu sprechen, daß man eine Gleichheit der Chancen schafft und zugleich akzeptiert, daß das, was diese Chancen eröffnen, in sich nicht gleichartig, sondern unterschiedlich ist. Die tatsächliche Entwicklung — ich weiß, Sie haben darüber schon gesprochen und ich kann mich daher dazu kurz fassen —, die tatsächliche Entwicklung ist in einer bemerkenswerten, verständlichen und zugleich bedenklichen Weise über diese Grundannahme hinausgegangen. Es wäre möglich, zu analysieren, welche Veränderungen Begriffen wie Gesamtschule oder Gesamthochschule in den letzten zehn Jahren widerfuhren, und daran zu zeigen, wie die Grundvorstellung, daß Gesamtschule und Gesamthochschule Chancen der Differenzierung bieten, verfälscht und verändert worden ist in eine völlig andere Grundvorstellung, wonach Gesamtschule und Gesamthochschule tatsächlich allen die gleiche Chance bieten sollen, auch im Sinne dessen, was sie praktizieren. Die Veränderung, die stattgefunden hat, von einer Gleichheit der Chancen zu einer Gleichheit der tatsächlichen Positionen, ist eine der Grundentwicklungen des letzten Jahrzehnts und eine der Entwicklungen, die, wie ich annehme, hier heute zur Diskussion stehen.

Die Entwicklung ist verständlich, und Herr Spaemann hat in seinem Vortrag gezeigt, daß es möglicherweise eine innere Gesetzlichkeit der Gleichheitsentwicklung gibt, daß es eine innere Gesetzlichkeit bestimmter Vorstellungen von Emanzipation gibt, die dahin führt, daß nicht mehr anerkannt werden kann, daß gleiche Chancen Chancen zur Auswahl aus ungleichen Möglichkeiten sind. Hier gilt es nach meiner Meinung, neu nachzudenken über jene ungleichen Möglichkeiten, neu sich klar zu werden darüber, was eigentlich deren Sinn ist, und dies zu tun in einer Weise, die die Gleichheit der Chancen als unbestrittene Voraussetzung akzeptiert. Ich glaube, daß es möglich ist, eine Argumentation für die Ungleichheit zu entwickeln, die mehr ist als der Versuch, soziale Ungleichheiten abzuleiten aus einer Ungleichheit des Ranges verschiedener Menschen. Ich meine, daß die Diskussion über die Erblichkeit oder Umweltbedingtheit von Intelligenz wissenschaftlich erforderlich ist und weitergeführt werden sollte. Ich würde es aber für ganz verderblich halten, wenn aus dieser Diskussion der politische Schluß gezogen würde, daß das Bildungssystem oder irgendein anderer Teil unseres gesellschaftlichen Systems dem Ziel dient, vorhandene erbliche Ungleichheiten gesellschaftlich zu sortieren. Das ist nicht der Grund. Das kann nicht der Grund sein für die Begründung einer Form der Freiheit, einer Form der Auswahl zwischen Möglichkeiten, die die Gleichheit der Chancen voraussetzt.

Es gibt Gründe für eine Ungleichheit. Ich glaube, daß eine Gesellschaft, die die Ungleichheit erlaubt, eine Gesellschaft, die die Ungleichheit innerhalb der Grenzen der staatsbürgerlichen Rechte geradezu fördert, zugleich eine Gesellschaft ist, die sich offenhält für künftige Möglichkeiten, und eine Gesellschaft, die etwas anbietet, was eines der unbezahlbaren Güter gesellschaftlicher Organisation ist, nämlich Hoffnung. Hoffnung auf künftige Möglichkeiten. Mir scheint, daß eines der großen Kennzeichen jenes anderen Versuches, mit den Plänen von vorgestern fertig zu werden, den wir Sozialismus nennen, insbesondere in den sozialistischen Ländern, darin liegt, daß sie die Hoffnung aus ihren Ordnungen verbannt haben in einer Form der inneren Organisation, die jeder Reisende sofort und mit Recht als grau, als hoffnungslos empfindet.

Es gibt also sehr wohl Gründe für die Ungleichheit, die nichts zu tun haben mit irgendwelchen Fundamentalungleichheiten zwischen Menschen, sondern die etwas zu tun haben mit dem Wunsch nach einem gesellschaftlichen Angebot von Möglichkeiten, von Chancen der Wahl, die real sind, so daß die Realisierung der Staatsbürgerrechte nicht am Ende diese Rechte zerstört. Darum ein gemischt privat-öffentliches Schulwesen, wo immer es möglich ist, darum ein möglichst vielfältiges Angebot im Schul- und Hochschulbereich, auch ein Angebot unterschiedlicher Ausbildungsdauer und unterschiedlichen Ausbildungsranges, darum auch Unterschiede des Einkommens und Unterschiede der wirtschaftlichen Situation von Einzelnen als ein Element einer in sich flexiblen, einer nach vorne gerichteten, einer offenen, einer entwicklungsfähigen Gesellschaft.

Hier wäre manches zu tun und zu sagen, manches das die Gelegenheit eines vergleichsweise kurzen Referats überschreitet. Insbesondere — um noch ein Wort über die Bildungspolitik zu sagen — insbesondere meine ich, daß jener Themenwechsel in Richtung auf eine Anerkennung der Ungleichheit unter der Voraussetzung einer Gleichheit der Chancen vor allem zum Inhalt hat, daß wir uns mehr Gedanken machen müssen, viel mehr Gedanken machen müssen über die Ausbildung derer, die bereits berufliche Erfahrung haben, und daß wir uns möglicherweise nicht ganz so viele Gedanken machen sollten, wie wir es tun, über die Verlängerung oder Gestaltung der Ausbildung derer, die viel zu viele Jahre ihres jungen Lebens in Ausbildungseinrichtungen bleiben und damit wesentliche Lebenschancen verpassen, die wir ihnen doch eröffnen sollten. Für mich ist der Themenwechsel im Bildungsbereich ein Wechsel von einer Ausbildung, die am Anfang des Lebens steht, zu einer Ausbildung, die das ganze Leben durchwirkt und die daher am Anfang vergleichsweise kurz sein kann, wenn es uns gelingt, die Voraussetzungen zu schaffen, die für eine dauerhafte, wiederkehrende, permanente Ausbildung erforderlich sind.

Lassen Sie mich einen Sprung machen zu einem zweiten Aspekt der staatsbürgerlichen Rechte, einem Aspekt, der unserem politischen Gemeinwesen besonders am Herzen liegen muß. Staatsbürgerliche Rechte sind natürlich nicht nur Rechte, an einen bestimmten Punkt im sozialen Gefüge zu kommen. Staatsbürgerliche Rechte sind vor allem auch Rechte, teilzunehmen am Prozeß der Bestimmung des eigenen Geschicks. Nicht zufällig gehört zu den ersten Ergänzungen der Gleichheit vor dem Gesetz die Gleichheit im politischen Sinne, die Gleichheit der Staatsbürger als Wahlbürger. Auch die Koalitionsfreiheit ist ein zentrales Element jeder Vorstellung staatsbürgerlicher Rechte. Aber wiederum erleben wir bei der Entwicklung des Prozesses der Ausweitung von Chancen der Teilnahme das interessante, das im Grunde beunruhigende Phänomen, daß ein richtiger Gedanke, bis zum Extremen getrieben, gerade diejenigen Möglichkeiten zerstört, die er eigentlich eröffnen sollte. Denn auch die politische Teilnahme kann in einer

Weise vorangetrieben werden, die am Ende zu Formen der Teilnahme führt, in denen präzis das nicht mehr erreicht wird, was Teilnahme bewirken soll, nämlich die Veränderung der eigenen Lebensumstände durch Mitwirkung des Einzelnen selbst.

Auch dies ist ein Prozeß, der eine detailliertere Analyse, als ich sie Ihnen hier geben kann, lohnen würde. Dies ist ein Prozeß, in dem vor allem die Vorstellung repräsentativer Regierung keine Rolle spielt, die in der Vergangenheit ja eng verbunden war mit dem Gedanken staatsbürgerlicher Beteiligung am politischen Geschehen. Zumindest im achtzehnten und neunzehnten Jahrhundert war für die Theoretiker der modernen politischen Gemeinwesen selbstverständlich, daß staatsbürgerliche Teilnahme die Teilnahme an einem Prozeß ist, bei dem Repräsentanten gewählt werden, die dann das Recht haben, Entscheidungen einzuleiten, Entscheidungen zu begründen, wenngleich sie sich der Kontrolle derer stellen müssen, die diese Entscheidungen treffen. Es ist niemandem entgangen, daß die letzten Jahre, vielleicht schon Jahrzehnte, diesen Prozeß sehr viel weitergetrieben haben und zunehmend über die Grenzen der repräsentativen Regierung hinausgetrieben haben, hin zu einer Form der Teilnahme, die total ist, wenn ich das so ausdrücken darf. Eine Fülle von Einzelphänomenen macht das deutlich. Das imperative Mandat ist eine der Formen, in der eine Teilnahme, die dem Repräsentanten keinen Bewegungsspielraum mehr läßt, institutionalisiert wird. Der Proporz, der Versuch also, verschiedene Gruppen in den repräsentativen Gremien nach ihrem Anteil in der Gesamtbevölkerung vertreten zu lassen, ist eine weitere Form, die in diesen Bereich hineingehört. Die permanente Diskussion als ein Instrument der Beeinflussung derer, die repräsentieren sollen, gehört in dasselbe Kapitel. Und Sie alle können mühelos weitere Beiträge dazu liefern.

Lassen Sie mich auch hier eines ganz klar sagen: Ich bin davon überzeugt, daß die stärkere Teilnahme von mehr Einzelnen am Prozeß der politischen Entscheidungsbildung einer der ganz großen Fortschritte ist in der Entwicklung der entwickelten Gesellschaften in den letzten Jahrzehnten. Ich bin auch davon überzeugt, daß Erscheinungen wie das Interesse an der Gemeindepolitik oder die Entwicklung von Bürgerinitiativen oder die stärkere Beteiligung an politischen Parteien, insgesamt also das stärkere Interesse von mehr einzelnen Menschen am politischen Prozeß, jede Förderung im Sinne einer Realisierung der Freiheit verdienen.

Aber es gibt auch hier den seltsamen Punkt, an dem die Übertreibung des Prinzips der staatsbürgerlichen Teilnahme dazu führt, daß dieses Prinzip seinen Sinn selbst verliert. Denn streng genommen ist die totale Teilnahme aller an allem eine andere Beschreibung der vollständigen Unbeweglichkeit von gesellschaftlichen Einrichtungen. Die totale Teilnahme aller an allem ist in der Theorie zumindest eine Situation, in der es nahezu unmöglich wird, Entscheidungen überhaupt noch in die Wege zu leiten, in der es jedenfalls vollständig reizlos wird, Initiative zu entfalten und auf der Grundlage solcher Initiative Menschen zu überzeugen davon, daß diese Initiativen ihren Sinn haben. Streng genommen also und in der Theorie zerstört die totale Teilnahme aller zu jedem Zeitpunkt die Beweglichkeit, die Offenheit, die Entwicklungsmöglichkeit einer Gesellschaft, also genau das, wofür die Teilnahme gedacht war. Und wenn ich sage, in der Theorie, dann sage ich das, weil in der Praxis ganz sicher etwas anderes gilt. In der Praxis bedeutet die totale Teilnahme aller an allen Entscheidungen, daß nur diejenigen, die die Zeit finden können dafür, grenzenlos zu diskutieren, nur diejenigen, die sich zu diesem Zweck organisieren, tatsächlich noch einen Einfluß haben auf die politischen Entscheidungen: eine andere Form der Unbeweglichkeit, und eine andere Form der Beseitigung präzis jener staatsbürgerlichen Teilnahmerechte, um die es bei der Entwicklung der Freiheit in modernen Gesellschaften geht.

Ich bin ganz sicher, daß es uns schwerfallen würde, schlicht zurückzukehren zu den Grundsätzen der repräsentativen Regierung, wie sie im neunzehnten Jahrhundert und früher formuliert worden sind. Wenn man nachliest, was seinerzeit gesagt worden ist, dann zeigt sich, daß dies ja auch eine etwas merkwürdige Vorstellung von repräsentativer Regierung war. Kaufleute müssen die Handwerker und Arbeiter vertreten, so liest man es selbst in den »Federalist Papers«, denn die Handwerker und Arbeiter könnten ihre Waren ja ohnehin nicht an den Mann bringen ohne Kaufleute, und daher seien die Kaufleute dafür prädestiniert, als Repräsentanten in die Parlamente einzuziehen und dort für die Anderen zu sprechen. Die Gebildeten müßten die Ungebildeten vertreten, so liest man es bei John Stuart Mill, denn es wäre ja ganz schlimm, wenn die Ungebildeten die Entscheidungen bestimmen könnten. Es muß also eine Methode gefunden werden, eine Methode der repräsentativen Regierung, die es den Gebildeten ermöglicht, ihre Vorstellungen, ihre gebildeten Vorstellungen durchzusetzen.

Das ist nicht das, was ich hier befürworten möchte. In der Tat findet sich hier ein Beispiel für das, was ich meine, wenn ich sage: Tendenzwende kann nicht bedeuten, daß wir zurückkehren zu alten Vorstellungen. Repräsentative Regierung in unserer Zeit ist unvergleichlich viel komplizierter als im neunzehnten Jahrhundert, und sie wird verlangen, wie ich meine, daß wir uns die Institutionen unserer eigenen Demokratie genau daraufhin ansehen, ob sie denn Initiative und Kontrolle in dem Maße erlauben, in dem wir uns das wünschen von einem entwickelten Gemeinwesen, in dem Staatsbürger ihre Rechte voll wahrnehmen. Ich könnte mir vorstellen, daß wir dabei zu dem Schluß kommen, daß sowohl die Möglichkeiten der Initiative als auch die Möglichkeiten der Kontrolle verstärkt werden müssen. Ich könnte mir vostellen, daß wir dabei manchen Aspekt unserer Verfassungsordnung sehr gründlich daraufhin prüfen, ob er das Nötige leistet. Ich bin aber ganz sicher, daß eine solche Prüfung nicht zu dem Ergebnis führen kann und darf, daß wir an die Stelle der alten Immobilitäten einer autoritären Ordnung die neuen Immobilitäten einer Überpartizipation, die neuen Immobilitäten der Totaldiskussion setzen.

Das führt mich zu einer dritten, meiner letzten Erwägung. Und an diesem Punkt möchte ich ein Wort zu sagen versuchen über die

Art und Weise, in der man hoffen kann, der Freiheit eine Zukunft zu geben.

Staatsbürgerliche Rechte sind ursprünglich staatsbürgerliche Rechte im Gemeinwesen als Ganzem. Sie sind ursprünglich Rechte, einen Status zu erreichen und teilzunehmen in einem Gemeinwesen, das vorgestellt war als eine einzige Einheit. Es gehört zu den Entwicklungen des Gedankens des Staatsbürgers, daß die politischen Aspekte des staatsbügerlichen Status übertragen worden sind auf andere gesellschaftliche Bereiche. Es gibt den Begriff der Demokratisierung der Gesellschaft. Und es gibt nicht erst seit gestern, sondern seit vielen Jahrzehnten schon Begriffe wie industrielle Demokratie, Wirtschaftsbürger, Staatsbürger in Uniform, den Begriff des Bürgers, des Staatsbürgers angewendet auf Teilbereiche der Gesellschaft. Genau wie die Herstellung, die noch immer unvollständige Herstellung einer Gleichheit der Chancen für Wahlen aus ungleichen Möglichkeiten, genau wie die Herstellung einer Gleichheit der Teilnahmechancen in einem politischen Universum, das nichtsdestoweniger beweglich bleibt, so ist nach meiner Auffassung auch die Übertragung der Grundgedanken einer demokratischen Ordnung der Dinge und der Teilnahme des Einzelnen auf die Teilbereiche der Gesellschaft wichtig. Sehr viel problematischer schon — und ich erwähne das, ohne hier ins Einzelne zu gehen — ist die Vorstellung, daß man die präzisen Methoden der Politik übertragen könnte auf Teilbereiche der Gesellschaft. Ich halte es für vollständig abwegig, zu meinen, daß das Prinzip von Regierung und Opposition und parlamentarischer Kontrolle angewendet werden könnte auf Kirchen, Armeen, Universitäten, wirtschaftliche Unternehmen oder andere Teilbereiche unserer Gesellschaft. Es handelt sich also nicht darum, daß man Regeln schematisch überträgt, es handelt sich darum, daß man sich die Frage stellt, was mit diesen Regeln gemeint war, und dann prüft, in welcher Form die Ausübung von Autorität und die Beweglichkeit der Organisation, die Offenheit der Organisation realisiert werden können unter den ganz offenkundig unterschiedlichen Bedingungen, unter denen verschiedene gesellschaftliche Institutionen existieren. Die Übertragung darf nicht mechanisch sein, sondern sie muß von den Grundsätzen ausgehen.

Aber selbst wenn das gesagt ist, bleibt doch noch eine große Frage offen. Und das ist die Frage, was eigentlich geschieht, wenn wir einen so wichtigen Grundsatz wie den der staatsbürgerlichen Teilnahme vornehmlich anwenden auf das Leben innerhalb begrenzterer Einrichtungen. Die Zerstörung der politischen Öffentlichkeit ist ein vieldiskutiertes Thema, und es ist auch hier schon diskutiert worden. Die Zerstörung der politischen Öffentlichkeit durch eine mißverstandene Autonomie der Teileinrichtungen ist nach meinem Urteil eine der größten institutionellen Gefährdungen der Zukunft der Freiheit, die wir in unserer Gesellschaft erleben. Eine mißverstandene Autonomie der Teileinrichtungen, die diese Teileinrichtungen abzukoppeln versucht von dem Prozeß der Entscheidungsbildung, der durch die generelle politische Öffentlichkeit geleistet wird, führt sehr bald dazu, daß dem einzelnen Staatsbürger jede Möglichkeit genommen wird, auf diesen generellen Prozeß einzuwirken, und, mehr als das, führt sehr bald dazu, daß das Gemeinwesen zu einer prekären, zu einer schwankenden, zu einer stets gefährdeten Koalition von quasi autonomen Einrichtungen, auch Organisationen wird.

Ich meine daher, daß für denjenigen, dem die Zukunft der Freiheit am Herzen liegt, vor allem ein Thema zentral sein muß, und das ist die Herstellung einer effektiven allgemeinen politischen Öffentlichkeit unter den neuen Bedingungen, unter denen wir uns glücklicherweise finden in einer Gesellschaft, in der die Bürgerrechte des Einzelnen viel weiter entwickelt sind, als sie es zu früheren Zeiten waren.

Ich habe gesagt: die Herstellung einer solchen Öffentlichkeit, und nicht die Wiederherstellung. Auch hier müssen wir uns vor romantischen Vorstellungen hüten. Es geht nicht darum, daß es etwa möglich wäre, eine unvermittelte Teilnahme des Einzelnen am politischen Prozeß auf den verschiedenen Ebenen der Entscheidung effektiv zu realisieren. Das ist nicht möglich. Man kann gewiß auf diese Unmöglichkeit so reagieren, wie dies mancher unter den romantischen Ideologen heute tut: Klein ist schön. Reduktion der größeren Einheiten, in denen wir leben, auf kleinere, überschaubare Einheiten, in denen die Teilnahme des Einzelnen Sinn hat. Ich habe dabei einen doppelten Verdacht. Der eine Verdacht ist, daß der Weg zu Rousseau in der Geschichte noch immer am Ende zu Hobbes geführt hat; und der andere Verdacht ist, daß der Rückzug auf die überschaubaren Einheiten einige der wesentlichen Entscheidungen, die den Rahmen unseres Lebens bestimmen, Leuten überläßt, die dann in keiner Weise mehr der Kontrolle unterliegen. Mir scheint also die romantische Antwort auf die zerbrochene allgemeine politische Öffentlichkeit nicht zuzureichen. Das bedeutet, daß wir hier, auch hier in einer neuen Weise nachdenken müssen darüber, wie wir über die bestehenden Organisationen und unter Anerkennung ihrer Existenz, über die bestehenden Teilinstitutionen der Gesellschaft und unter Anerkennung ihrer relativen Autonomie dennoch zu einer generellen politischen Öffentlichkeit kommen.

Ich zögere sehr, hier in institutionelle Details zu gehen, aber ich will soviel sagen, daß nach meiner tiefen Überzeugung einige der Kernprobleme, vor denen sich entwickelte Gemeinwesen heute in ihrer sozialökonomischen Lage finden, nur getroffen werden können, wenn es gelingt, neben der allgemeinen politischen Öffentlichkeit im Parlament und bezogen auf diese, eine zweite Ebene einer effektiven generellen Öffentlichkeit zu schaffen, in der die an den Entscheidungen beteiligten Organisationen vertreten sind. Das wirft eine Fülle von Fragen auf, eine Fülle von Fragen, wie sie sich insbesondere anknüpfen an eine beunruhigende und andauernde und sicher für längere Zeit andauernde Entwicklung in den weltwirtschaftlichen Rahmenbedingungen des politischen Handelns einzelner entwickelter Länder. Aber ich sehe nicht, wie wir mit diesen Fragen fertig werden wollen, ohne daß wir uns entschließen, die bestehende generelle Öffentlichkeit der parlamentarischen

Repräsentation zu ergänzen durch eine ebenso generelle, wenn auch anders zusammengesetzte Öffentlichkeit, die weit hinausgehen muß über das, was man in diesem Lande als konzertierte Aktion und in Großbritannien als Sozialvertrag kennt.

Das sind einige wenige Andeutungen, die im Grund nur illustrieren sollen, was ich vor allem hier sagen wollte: Wer den Problemen, denen man sich unzweifelhaft gegenübersieht, wenn man in unserer eigenen Gesellschaft oder in vergleichbaren die Freiheit wünscht, mit Antworten von gestern gegenüberzutreten versucht, wird entweder an der Sache vorbeireden oder Konfrontationen herbeirufen, die zu nichts führen. Es gibt nur einen einzigen Weg, der der Freiheit eine Zukunft gibt, das ist der Weg, der neue Möglichkeiten zu erkunden bereit ist, der Weg eines Themenwechsels. Es ist richtig: Wer die Freiheit will, muß bis zu einem gewissen Grade gerade heute auch eine defensive Stellung einnehmen. Ich bin überzeugt davon, daß die Verteidigung der rechtsstaatlichen Grundsätze und Institutionen eine Aufgabe aller ist, die die Freiheit erhalten wollen, und ich bin beunruhigt darüber, daß angesichts der rechtsstaatlichen Institutionen und Grundsätze in der Bundesrepublik manchmal der Anschein entstehen kann, als brauche man die institutionellen Wände nur einmal anzustoßen, und schon brechen sie in sich zusammen.

Dies ist einer der Punkte, wo ganz sicher derjenige, dem es um die Freiheit ernst ist, ganz eindeutig sein muß in seiner Verteidigung von Institutionen. Aber die Defensive kann niemals die einzige Antwort derer sein, denen es um die Freiheit ernst ist. Der Kern der Antwort muß darin liegen, daß man aus den Entwicklungen heraus, die sich beobachten lassen, und im Lichte der bleibenden Prinzipien einer freiheitlichen Orientierung neue Wege erkundet und neue Wege beschreitet. In diesem Sinne bin ich einig mit dem, was ich sonst hier gehört habe, daß die Position der Freiheit immer eine unbequeme Position ist.